论科学体系

〔法〕圣西门 著

王燕生 董果良 赵鸣远 陆楼法 译

**ŒUVRES
DE
SAINT-SIMON**
Réimpression anastaltique
1966
据法国 1966 年版《圣西门全集》译出

目　　录

一个日内瓦居民给当代人的信

第一封信 ·· 3
朋友的意见 ·· 5
复信 ·· 13
第二封信 ·· 31

19 世纪科学著作导论

第一卷 ·· 35
第二卷 ··· 112

19 世纪哲学导论

简述人类理性的进步史 ···································· 180

新百科全书

序言，或概观本书所要发挥的思想 ························ 185

人类科学概论

总序 ··· 197

第一部分 ·· 203

论万有引力

迫使英国人承认航海自由的手段 ··············· 245
前言 ·· 248
第一篇研究报告的提纲 ······························ 249
第一篇研究报告的结论 ······························ 281
第二篇研究报告的提纲 ······························ 282
第二篇研究报告的结论 ······························ 286
第三篇研究报告的提纲 ······························ 287
第三篇研究报告的结论 ······························ 296
给欧洲学者的信 ·· 301
新科学理论的第一代教皇公告 ···················· 303

一个日内瓦居民给当代人的信[*]

---

[*] 这是圣西门的处女作,1802年写于日内瓦,1803年匿名发表于巴黎,没有标明出版的地点和时间。我们翻译所据的原文,载于1966年法文版《圣西门全集》第1卷。
——译者

第 一 封 信

我已经不是年轻人了,我十分积极地观察和思考了一生,而为你们造福则是我生平活动的目的。我想出了一项我认为对你们可能有益的计划,现在我来向你们介绍这项计划。

请你们到牛顿[①]墓前捐献;请你们一律认捐,钱数不拘。

让每个捐献的人提出三位数学家、三位物理学家、三位化学家、三位生理学家、三位文学家、三位画家和三位音乐家的名字。

请你们每年捐献一次,同时进行同样的提名,但允许每个人有连提同一个人的无限自由。

请把捐献的收入分给得票最多的头三名数学家和头三名物理学家,依次类推。

委托"伦敦皇家学会"[②]会长受理今年的捐献。

来年和以后各年,由捐献最多的人担任这一光荣职务。

要求被你们提名的人不从你们的任何集团得到职位、荣誉和

[①] 圣西门十分崇拜牛顿,他在本选集所收的《论万有引力》中,试图以牛顿的万有引力定律作为他的世界观的基础。——译者

[②] "伦敦皇家学会"成立于1660年,按其职能来说,相当于现今各国的科学院,主要从事数学和自然科学的研究工作。牛顿从1703年起担任该会会长,直至逝世。——译者

金钱，而要使他们绝对可以自由行事，按照自己的愿望发挥自己的才能。

这样，有天才的人将会得到他们应当享有你们值得给予的报酬。这样的报酬将使他们处在尽全力为你们服务的地位。这种地位将成为精力充沛的人向往的目标，使他们离开对你们的安定有害的道路。

最后，你们也可以用这种方式为致力发展你们的文化的人们选拔领袖；你们要对这些领袖表示极大的尊敬，你们要授予他们以理财的大权。

朋 友 的 意 见

您要求我谈谈我对您寄给我的那项计划的看法，我非常乐意来谈，因为计划的作者的纯洁的灵魂打动了细心的读者，他的意向高尚，应该受到任何一个有思想、有感情的人的热烈欢迎。最后，计划的作者希望人类幸福，并正致力于这项事业，我对他表示敬爱。

他的思想既新颖，又富于博爱的精神。他认为有天才的人是给全人类——既给统治者又给被统治者照明的火炬，这是完全正确的。这是要求人类根据完全令人信服的公正原则，用集体行动来酬谢有天分的人。他的计划，从另一角度来看也是好的。显而易见，人类用集体行动来酬谢有天分的人的时候，可以使他们不为人类的个别集团的私利服务；如果由这些集团单独来酬谢有天分的人，则会使他们的一部分力量瘫痪。

这项计划将提供迄今未有的最好职位。这些职位可以使有天分的人各得其所，也就是说，可以使他们高于一切人，甚至高于最有权势的人。看到这种职位，有天分的人将会受到鼓舞，得到因其热爱荣誉和工作热心而应给予的奖励；而工作热心，又使他耽于钻研和深思而任劳任怨，养成为在科学和艺术上成名所必需的坚定精神。

有天分的人个人兴趣十分强烈，而对人类的热爱又能促使他们创造奇迹。为人类的幸福而劳动，这是多么壮丽的事业！这是多么宏伟的目标！人们有没有使自己更接近神的手段呢？在这方面，人们会因自己所经历的艰辛而得到最好的报酬。

拿人类给予有天分的人的这种崇高职位与科学院院士的席位相比较，我发现人类所选出的人的地位要比院士好得多。前者享有完全的独立，可以发挥他的一切才能，不会因任何不相干的思想干扰而停滞不前。没有任何顾虑可以阻止他的天才发展，或妨害他的工作和幸福。为了保持将要获得的地位，他将振作精神，发愤阅读前人的著作，决心超过他们，摒弃陈规，另辟新路。他的激昂情绪将不断高涨，他将达到促进人类理性进步的这个真正的目的。

这就是有天分的人处于独立地位时将要走的道路，而院士之辈却将继续背道而驰。院士之辈将永远坚持自己的成见，认为自己是真理的保护者。如果他改变了观点，他本人也会反对他那自封的一贯正确论。但是，他宁愿继续对其所谓的异端邪说大发雷霆，变得更加偏执，也不肯为了人类的文明和幸福而后退一步。当有天分的人起来反对科学院的意见时，科学院曾经多么疯狂地迫害他们！请您看一下院士之辈所走的道路，您将看到他们是既高傲而又卑鄙。每当能够启蒙人类的辩论有害于他的自身生存时，他们总是用十分狡猾的手段加以扼杀。造成这种情况的原因有两个：一方面是院士终身任职，另一方面是院士依附政府。

考察一下人类理性的发展史，您就可以看到，人类理性的几乎全部杰作，都应当归功于那些独立思考而且常受迫害的人。而当他们成了院士之后，便都差不多安于院士的席位，饱食终日；即使仍在写作，也只是战战兢兢，发表一些没有什么重要价值的真理而已。只有独立精神,才能使有天分的人的两个最强大的动力,即对人类的热爱和对荣誉的渴望得到养料。院士一旦成了奴隶,他们就什么也创造不出来,这又有什么可惊奇的呢?他们虽然已经沦为奴隶,可是仍然相信自己的荣誉很高,唯恐它降下来。正是这种情况妨害他们的提高。

如果我回顾一下科学院的历史,我就可以看到,英国根本没有科学院。只有两个类似科学院组织的学会;而在一些君主国,甚至在那些为迷信和愚昧无知所统治的国家,科学院却多得像蚁群一般。然而,究竟什么国家能够造就出更多的各种各样的伟大人物呢?在什么地方能够发现更多的真理呢?在什么地方可以更大胆地发表这种真理并被人更迅速地接受呢?在什么地方可以对有益发现的创始者给予更优厚的酬劳呢?在这个岛国,由于热爱人身自由和喜欢争鸣成家,因而使它的人民轻视和排斥科学院。一个英国人,作为一个公民时,都意识到自己人格的尊严;作为一个学者时,都将为自己屈从于有权势的人,或者成为有权势的人所庇护的团体的成员而感到羞愧。

专制独裁的黎塞留[①]建立了法国的第一个科学院。他十分清楚,贪图奖章和院士的席位可以束缚作家,而政府则可以由此传播有利于自己观点的原则,从而控制舆论,把科学院变成实行其专制政策的隐蔽机关。事实的发展进程,也证实这位权臣的预谋成功了。这第一个科学院,即法国科学院之母,又生出了一百多个其他

[①] 阿尔芒・让・黎塞留(Armand Jean Richelieu,1585—1642 年)是路易十三的宰相,法国专制制度的奠基人之一。根据他的倡议,成立了法兰西学院。后来,法兰西学院并入法国科学院,成为法国科学院的五个学院之一。——译者

科学院，但是它们的一切努力，并未能使法国赶上英国。意大利到处都有科学院，但是它的成名学者却屈指可数。在意大利，一些拆烂污的文学团体大量颁发各种荣誉证书，但是人们既没有因此向善，也没有因此变得更加文明。如果意大利把它的所有科学院都撤销，那里的天才或许可以更快地成长起来。

但是，我不能不承认，科学院毕竟还是带来了一些好处，科学院的机构即使不够完善，也给科学和艺术带来了某些益处。我也看到科学院拥有一些精力充沛的院士，然而科学院的体制却远远落后于现代的哲学观点，以致无须把它长期保存下去。如果人类理性的发展更加勇往直前，我认为可以完全消除即使是权威最高的科学院所受的各种束缚。人类不应忽略：他们应当酬谢那些以其知识的火炬为人类服务的人，他们应当集体酬谢这些以其灿烂的光芒普照大地的火炬。

计划的另一个非常重要的方面，也使我感动。有天才的人至今什么障碍都必须克服！他们往往一开始就偏离自己最重要的观点，因为他们不得不为了维持生活而奔波。他们是多么缺乏经验，缺乏为发展自己的看法所必需的阅历！有多少机会使他们失去了他们能够全面发展工作所需的合作者！有多少宝贵的思想由于得不到支持、鼓舞和报酬的滋养而流产了！

即使某些有天分的人不顾这一切困难，享有了一定的声誉，得到了报酬，但是这些报酬也往往不足以为他们的工作提供充裕的资金，不足以鼓励被他们认为是天资聪敏的青年人，不足以在这些青年缺乏资金时满足他们的需要。只有有天分的人，才能发现天才的幼苗，培育这些幼苗，并且恰如其分地给予他们以必要的援助。

有天分的人所获得的职位或报酬几乎经常要他履行一定的职责，而履行这些职责，则或多或少地会影响他的工作。这种职位使他们固定在一个地方，从而妨害他去发现能够导致新发现的事物和人物。给他报酬的政府动摇不定，会使他对未来感到担忧，而且经常迫使他为保持自己的职位而到处奔走。即使他未雨绸缪，但由于战争或财政上的某种支绌，也会使他的薪俸中断，或至少延期支付。

最后，工作上需要保持绝对独立的有天分的人，总是要或多或少地依附于给他报酬的政府。他要领会这个政府的意图，服从这个政府奉行的方式和习惯，按别人的指示进行所谓次要的思考，而不能勇敢地射出自己的构思之矢；他要小心翼翼地设计使其思想大放异彩的手段，但以远离实际和远非所想而告终。总而言之，他为了取得一点微不足道的报酬，不得不付出高昂的代价。

至于同意接受统治者或其他任何人的特别恩赐的有天分的人，由于他已堕落到卑躬屈膝的地位，因而处境就更为可悲。

如果仔细地考察一下政府在行政管理各个方面所遵循的思想，则可以看出这一切思想都是由有天分的人所发现的。有天分的人也像开导被统治者一样在开导着统治者。

我同意有天分的人的发现往往不能一开始就得到利用。但是，如果承认他们的发现只对下一代有利，那么这是否就该成为当代人不给他们以任何报酬的理由呢？难道人类还要继续使那些人死后才能受到尊敬，或者至少处于不公正的境遇吗？

如果这方面尚未发生巨大变化，那么认为人类理性已经有了进步，就将是错误的。

在文明国家里，老老少少都从事种植；但在愚昧无知的国家里（比如在土耳其），人们只知道采伐，而丝毫不去种植。矫健的老人种植的树木给老人带来的快乐大于为了获利而砍伐树木的人。

有什么东西比一个人把他的热情用于提高自己的文化水平这个唯一目的更为美好和值得尊敬的呢！当功名心认为伟大和光荣只在于获得新知识，并摒弃满足私欲的动机的时候，才是真正幸福的时刻。卑鄙和傲慢的动机只能满足愚人、武夫、侵略者和人类的掠夺者的贪欲！这种动机将被抛弃而消失！这种迷魂汤再也麻醉不了那些非凡的人物！光荣归于亚历山大们！阿基米德们万岁！

我的朋友，除了同专横作斗争的天才人物呼吁一切博爱主义者援助他的时候，还有什么时候更有利于产生您来信所述的计划呢！在这一斗争开始以后成长起来的一代人中间，毫无主见的人将显著减少。您的计划将得到许多人的响应。文明的王国即将出现。凡是善于瞻前顾后的聪明人都相信这一点。

计划中包含一个可以作为一般组织的基础的基本思想。计划也向人类提出一种可以使人类在抽象思维活动方面再顺利提高一步的想法①。

牛顿的陵墓，这个集会的场所恰好就在英国，真是太幸运了！

---

① 如果圣皮埃尔神甫*想出这一办法，并把它作为一种实施的手段，那么他的普遍和平的思想，也就不会被看成是梦想。还要指出一点，这个想法可以解决道德家们一直在探讨的一个问题：使人处在一个经常能把自己的私人利益与公共利益协调一致的地位。

* 圣皮埃尔(1658—1743年)神甫是一位法国作家，曾在1713年提出一项建立"持久和平"的空想方案，其方法是信奉基督教的各国国王之间缔结一项公约。——译者这个国家一直是其他国家遭受迫害的有天分的人士和学者的避难所。

在谈到牛顿的时候，我们不能不指出，他曾接受政府委派他担任造币厂厂长的职位，以作为对他的酬劳。从此以后，这位世界公民便只是一个英国人了，他把自己的一切力量都倾注在他所承担的职务上。于是，这颗自身闪耀过光辉的明星，在群众面前只是一块反射国王光辉的不发光的物体了。

我们可以大胆地议论这件事。一切有天分的人，一旦在政府中担任职务，就要在现实方面和荣誉方面蒙受损失，因为他们为了履行自己的职务，就得忽视对于全人类比较重要的工作；或者相反，如果他们抑制不住自己才华的迸发，就得轻视自己的公职。

这两种可能性，对于人类、政府和有天分的人本身来说，都是令人不快的。只有让有天分的人担任一个为三者都能效劳的职务，才能避免这两种可能性。必须让有天分的人独立自主，让人类深刻理解这样一条真理：人类要使有天分的人成为火炬，而不要让他们为了私人利益而出卖自己。私人利益会降低他们的人格，使他们放弃真正的使命。

有天分的人的人数并没有多到使他们一放弃自己的专业就得失去工作的地步。计划的作者考虑到大自然对于提供有天分的人是很吝啬的，所以总共对全人类只设计了二十多个职位。既然其中的任何一个职位都必须由有天分的人来担任，所以这些职位也会经常出缺。

我同意每年改选一次，而且可以连选连任。这样，最有天分的人可以终身当选，而能力和他们相近的人也将受到极大的鼓励。

这样的选举方式,将使个人欲望得不到足够的力量去控制共同利益。

我的朋友,这就是我看完您的计划后得到的初步印象。

现在我向您提出两个问题:

这项计划能否被采纳?

如果能被采纳,它能否医治我由于谨慎而一直没有说出口的人类现有的弊端?

复　　信

　　我的朋友，我以寄给您的那个计划的作者的身份，对您所作的亲切畅谈表示谢意。您对计划的赞语，在您精心写出的书面意见中得到了严密而有力的论证，这将对读者产生巨大的影响。我希望，这封复信能消除您认为我的计划不能被采纳而向我表示的不安心理。我直接向人类提出这项计划，是因为它同全体人类有关，但我并不奢望人类立即去实现它。我一直认为，成败取决于对人类有巨大影响的人士在这时所决心采取的比较积极的行动。尽可能全面地阐明这个问题是争取他们支持的最好方法。这就是我向人类的各个集团呼吁时所抱的目的。我把人类分成三个阶级。第一个阶级，是我和您有幸所在的那个由学者、艺术家和一切有自由思想的人所构成的阶级，它高举着人类理性进步的旗帜前进。第二个阶级的旗子上写着：不进行任何改革！凡是不属于第一个阶级的有财产的人，都属于这个阶级。

　　第三个阶级是在平等的口号下联合起来的人们，它包括人类的其余一切成员。

　　我对第一个阶级说，凡是收到我向人类提出的那个计划的人，一般经过很短时间的讨论，最终都会同意这项计划的。人人都对我说，他们希望计划能够成功，但又担心计划实现不了。

根据他们所表示的意见的一致性来判断，我觉得好像人人或者至少大多数人都有同样的见解。如果这种预感得到证实，那么反对我的观点的唯一力量将是因循守旧的势力。

学者、艺术家以及你们这些用自己的一部分人力和财力来发展文化的人，是人类中最有智力的成员。你们最能接受新思想，你们与捐献的成败最有直接关系，所以你们应当克服因循守旧的势力。数学家们，因为你们站在最前列，所以请带头行动起来吧！

学者和艺术家们，用你们的慧眼观察一下人类理性的现状吧。你们会发觉舆论的权杖掌握在你们手里，你们要牢牢地保持它！你们能够创造自己的幸福和你们同时代人的幸福，你们能够防止后代不再染上过去使我们受苦和现在仍在使我们受苦的弊端。你们都来签名捐献吧！

其次，我要对第二个阶级的有财产的人讲述下面这样几句话。

先生们：

你们的人数比没有财产的人少得多，可是他们为什么要服从你们呢？这是因为你们在文化上占据优势，使你们有能力把自己的力量联合起来，而这种情况一般来说又使你们在与他们的斗争中获得胜利。由于事情的本性所决定，他们和你们之间必然总是有斗争。

这个道理一经指出，那就显然容易看出，把那些以其重大发明证明自己的智慧超群的没有财产的人团结到你们这方面来，对你们是有益处的。同样，你们阶级的利益是共同的，所以你们阶级的每个成员都应该有所贡献，这也是显然可以看得出来的。

先生们，我同学者和艺术家们经常往来，并从内心世界对他们进行过仔细观察。我可以使你们确信,他们在推动你们下决心献出赤诚和金钱;而为了使他们的杰作最受人类的尊重,为了使他们拥有必要的资金来充分研究他们的思想,他们需要你们的赤诚和金钱。先生们,如果我硬叫你们相信学者和艺术家的头脑里明确地有过我跟你们所说的那种想法,那我就在你们面前犯了言过其实的错误。不,先生们,不是这样。我甚至可以告诉你们,他们的头脑里只是极其模糊地有过这种想法。但是经过长期观察,我终于相信这种想法确实存在,以及这种存在对他们的一切观点发生影响。

先生们,只要你们不采纳我提出的措施,你们大家,即你们国家的每个人,就要遭受你们在法国早已存在的那个阶级目前正遭受的那种天灾人祸。为了证实我的话,你们只须回顾一下法国1789年以后发生的事件的进程就够了。在法国,最初的人民运动是由学者和艺术家暗中发动起来的。当起义因胜利而刚刚取得合法性以后,他们便以起义的领袖自居,为这次起义规定了破坏曾经挫伤他们赤诚的一切制度的方针,而在实施这一方针时一遇到反抗,他们就越发煽动无知的群众,就越要打碎一切束缚没有财产的人的炽烈热情的枷锁。他们如愿以偿了,他们最初想要推翻的一切制度终于不可避免地崩溃了。总而言之,他们打胜了这一仗,而你们打输了。这个胜利,使胜利者付出了高昂的代价,而你们这些失败者损失得更惨。有些学者和艺术家,因其军队抗命而牺牲,即被自己部下所杀死。在道德方面,他们不得不忍受你们对他们所作的貌似有理的谴责,你们责难他们是残酷虐待你们、指使他们的军队以愚昧无知的野蛮行为把天下搞得大乱的罪魁祸首。

物极必反,坏事达到了极点,也就有了补救的办法。现在,你们已经不必去进行抵抗;学者和艺术家们也接受了教训,承认你们的文化比没有财产的人高①,愿意把一部分为使社会组织恢复正常活动所需要的权力交给你们。没有财产的人采取的荒谬措施所引起的饥馑的重担,几乎全部压在他们自己身上。他们被制伏了。

虽然法国人民能够顺应事物的发展趋势强烈地希望恢复秩序,但是他们只有依靠有天分的人,才能重新组织起来而成为一股社会力量。波拿巴担任了这个角色,他获得了成功。

在向你们列举的见解当中,我提到了你们将要失败。如果你们对这一点仍有怀疑,就请你们拿法国学者和艺术家们今天享有的尊敬和福利同他们在1789年以前的情况比较一下。

先生们,请你们不要同这些人争论,因为你们在使他们有机会与你们交锋的一切战斗中都将败北。在实际行动中,你们的损失要比他们大,但和平对你们也不会有利。请你们自愿去做一项工作,以便为自己立功吧!那些与没有财产的人结成同盟的学者、艺术家和有自由思想的人,迟早也会由于形势所迫,而使你们去做这一项工作。你们都来签名捐献吧!这是你们拥有的可以防止我认为正在威胁着你们的灾难的唯一手段。

我们既然谈到这个问题,就要敢于把它讲完;而不观察一下地球上最有教养的一部分人的政治地位,是不能把它彻底解释清楚的。

---

① 我请读者仔细考虑下述的见解:有财产的人之所以能够支配没有财产的人,并不是因为他们拥有财产;他们之所以拥有财产和能够支配没有财产的人,是因为从整体而论,他们的文化比没有财产的人高。

现在，欧洲各国政府的行动并没有受到被统治者的任何明显的反抗而陷于混乱。但是根据英国、德国和意大利的社会舆论来判断，不难作出如下的预言：如果不及时采取必要的预防措施，这种安宁是不会长久维持下去的，因为先生们不能视而不见人类理性所面临的已经扩及到一切文明民族的危机，不能视而不见法国在可怕的激烈动乱年代中所出现的征兆，而这些征兆现在已被机敏的观察家在英国甚至在德国察觉出来了。

先生们，如果你们采纳了我的计划，就会使这些民族本来要遭受的而世界上没有任何力量可以防止的危机变成行政和财政上的简单改革而被消除，使这些民族免遭法国人民所经历的全面动荡。在这种动荡中，同一民族成员之间的一切现存关系变得捉摸不定，而作为一切灾难中最严重的灾难的无政府主义则肆意制造破坏，直到它所累及的民族全体陷于贫困为止。这样的动荡使民族成员中的最愚昧无知的人产生了恢复秩序的愿望。

先生们，如果还需要再提出新的证明，来使你们相信采纳我为你们避免灾难而提出的措施对你们是有利的话，那我就要对你们的智力表示怀疑。

从安慰你们的赤诚这一观点出发，我现在愿意向你们提出我的计划。请你们以人类理性发展进程的调节者自重，你们可以胜任这项职务，因为你们只要签名捐献，使有天分的人受到尊敬和优遇，则这种签名捐献的一个条件规定当选人不得在政府中担任任何职务，就会保证你们和他人不受损失；但是如果把实权交给当选人，则可能产生这种损失。

经验已经证明，作为各种发明的基础的新颖、明智和正确的观点,通常在产生之初就混杂着一些非常谬误的观念。尽管如此,只要发明人还是这项发明的主人,他就能够要求这项发明付诸实施。这只是个别的不利事例,但在这方面也存在着我要加以说明的极其一般的事例。任何一项发明,为了使自己能够被应用,都要求人们具有不同于它出现时所具有的素养。任何一项发明,都是一种被当代采用而使后代受益的财富。目睹这项发明的产生的当代人只应出于爱护后代的心情来采用它,而后代人则有权由此得到好处。

现在,我用以下几句话来结束我不揣冒昧对你们发出的简短呼吁:

先生们,如果你们仍留在第二个阶级,那是你们自己愿意如此,因为你们是使自己升为第一个阶级的主人。

接着,我向第三个阶级呼吁。

我的朋友们:

英国有许多学者。有教养的英国人对于学者的敬重胜过对国王的敬重。在英国,人人会写,会算,会读。请你们注意,我的朋友们!在这个国家中,城市的工人,甚至乡下的工人,每天都能吃到肉。

在俄国,一个学者触犯了皇帝,就要被割耳劓鼻,流放到西伯利亚去。在俄国,农民就跟他们的马匹一样愚昧无知。请你们注意,我的朋友们!俄国的农民食不果腹,衣不蔽体,而且不断遭到鞭笞。

从古至今,富人只知道指挥你们,而自己却无所事事。现在,你们要迫使他们进行自我教育,也要迫使他们来教导你们。他们强迫你们用双手为他们劳动，你们要叫他们用头脑为你们工作。你们可以为他们服务，使他们摆脱寂寞的重负。他们给你们金钱，而你们对他们报之以尊敬。尊敬是最值钱的货币，最穷苦的人恰好掌握了少许这种货币。你们要很好使用自己所持有的这种货币，你们的命运将会迅速好转。

为了使你们能够判断我的忠告和看到人类在实行我的计划后可能产生的好处，我必须对某些细节加以说明，但只限于我认为必要的地方。

我的朋友们，学者是有预见的人。这是因为科学能提供预见未来的方法，能使科学成为有用的东西，能使学者高于其他一切人。

我们所熟悉的一切现象，被人们分成几个不同的类别：天文现象、物理现象、化学现象和生理现象。凡是献身于科学的人，都在其中的某一方面比其他的人更有研究。

你们熟悉天文学家的某些预测，你们知道他们可以预报日食和月食，可是对他们所作的其他许多预测，你们并没有注意，我也不打算向你们详谈这些预测。我只想向你们谈一谈这些预测的实际应用，而这些预测的好处是你们都十分清楚的。

地球上各点的相互位置，就是通过天文学家的预测精确地确定出来的。此外，他们的预测也可以指导船只在汪洋大海中航行。

你们都很熟悉化学家的某些预言。化学家对你们说，你们可以用这种石头烧出石灰，而用另一种石头则烧不出来。他对你们说，你们用这种木头烧成的一定量的炭灰漂衣服，比用另一种木头烧成的量多得多的炭灰漂衣服，能够漂得同样好，同样白。他对你们说，这种物质同另一种物质混合，就能得到具有某一种性状的物质。

生理学家研究有机体的现象。比如，当你们生病的时候，生理学家会对你们说：您今天这里不舒服，而您明天那里又会难受。

请你们不要以为我想叫你们相信学者能够预见一切。不是这样的，他们当然不能预见一切。我甚至认为他们只能准确地预见很少一些事物，但是你们也会和我一样，相信每一个学者在他的专业方面是能够预见更多的东西的。这是完全正确的，因为他们只有凭借他的预见的正确性才能获得学者的声誉。至少目前的情况是这样，但不是一向如此。这就要求我们回顾一下人类理性的发展。即使我尽了最大努力讲得一清二楚，我也不能完全肯定你们会一读这份计划就能立刻了解我。不过你们稍加思索以后，是会相信我的解释的。

人们最初连续观察到的现象是天文现象。先从这种现象着手研究是有充足的理由的，因为它们非常简单。在研究天文的最初阶段，人们常把他们所看到的现象同他们所想象的现象混在一起，并由这种简单的错误形成了一套极其美妙的想法，以满足他们所作的预见的一切要求。后来，人们逐渐抛弃了他们依靠想象所虚构出来的事实，并经过很大的努力之后，终于使这门科学走上日臻完善的道路。天文学家只承认经过他们观察所确证的事实，他们选择了能把事实完满地联系起来的体系。从此以后，他们再没有使科学走上邪路。如果再创立一个新的体系，他们要在采用这一体系以前，检查一下它是否能比原来的体系更好地把事实联系起来。如果发现新的事实，他们就用观察的方法来确定这个事实是否真正存在。

我所说的这个人类理性发展史上最值得纪念的时期，正是天文学家从自己的队伍中把星象家清除出去的时期。我还应当指出另一点，即从这个时期开始，天文学家变得谦逊而善良了，不再不懂装懂，而你们也不再盲目地去央告他们占星问卜了。

化学现象比天文现象复杂，所以人们过了很久以后才开始研究它们。在研究化学的时候，人们也犯过在研究天文学时所犯的错误，但是化学家们终于也同炼金术士分道扬镳。

生理学至今仍处在天文学和化学曾经处过的那种愚昧状态之中。生理学家必须像天文学家清除星象家、化学家清除炼金术士那样，把哲学家、道德家和形而上学家从自己的队伍中清除出去①。

我的朋友们，我们都是有机体。我在制订我的计划的时候，曾把我们的社会关系比作生理现象。现在，就用我在建立使生理事实之间发生联系的那种体系时所采用的观点，来向你们说明我的

---

① 我并不是想说哲学家、道德家和形而上学家没有帮助过生理学，而且大家也都清楚，星象家曾对天文学有过贡献，炼金术士曾作出许多化学发现。然而人们都认为，天文学家与星象学家分家，化学家与炼金术士拆伙，都是做得十分正确的。

还有一个想法需要说明：哲学家、道德家和形而上学家的主要工作是研究所谓物理现象和精神现象之间存在的关系。当他们在这方面做出成绩的时候，可以把他们的工作称为生理学工作，但是他们也试图用一个一般体系把所观察到的一切事实联系起来。我十分清楚，只要生理学没有进入我在讨论天文学时详细谈过的轨道，这个企图就不可能实现。

我再补充一点：数学本身包括着建立一般体系所使用的唯一材料，即使不能把数学的计算方法用在那些不能用最简单的观点加以概括的现象上，我也不认为根据这个理由，就应该放弃用适当的概括把作为物理学各个部门的理论基础的思想同万有引力思想联系起来的希望。

计划的善意。

一系列的观察证实了这样一个事实:每个人都或多或少地希望自己凌驾于其他一切人之上①。但是经过推理,也证明了这样一个问题:凡是不同他人断绝往来的人,在同他人的关系方面都兼有优势和劣势。因此,我建议你们运用你们对富人所占的一小点优势。……但在继续深入讨论以前,我应当向你们分析一个使你们十分不快的问题。这就是你们所说的:我们的人数比有财产的人多十倍、二十倍甚至一百倍,可是他们施于我们的权势要比我们施于他们的权势大得多。我的朋友们,我知道这使你们十分气愤,可是请你们注意,有财产的人虽然在人数上比你们少得多,但他们的文化却比你们高。为了共同的福利,应当按照文化程度来分配权势。请你们看一看法国的情况,你们的同志在那里进行统治的时候,却给法国造成了饥荒。

现在,再回头来研究我提出的计划。如果你们采纳我的计划并坚持加以实施,那么你们就能经常使二十一个最有文化的人掌握两个最伟大的统治手段:尊重和金钱。结果,将有成千上万条理由可以使科学迅速发展。大家知道,每当科学向前迈进一步,科学研究工作就更容易进行一些。同样,像你们这样的人,只用少量时间从事学习,也能得到更多的知识,而当你们成了有知识的人以后,就能削弱富人对你们所占的优势。我的朋友们,你们很快就会看到丰硕的果实。但是,我不打算花费时间来讨论前进道路的各

---

① 有两条道路可以使人占据优势,其中有一条是把个人利益和公共利益结合起来。我的目的是颂扬这条道路,而堵塞另一条道路。

段细节，因为现在你们尚未下决心要走这条道路。还是让我们来谈谈你们目前存在的问题。

你们要对给你们做出你们认为是有益事情的人表示尊重，即自愿接受他们对你们的一部分统治。你们和一切人所犯的一个共同错误，就是没有十分明确地划清暂时有益的事物和长远有益的事物之间的界限、局部有益的事物和全局有益的事物之间的界限，以及使一部分人损人利己的事物和一部分人提高全人类幸福的事物之间的界限。总之，你们还没有清楚地看到，对于全人类来说，只有一种共同利益，那就是科学的进步。

如果贵村的村长使你们占了邻村的便宜，你们就会颂扬他，尊重他。城市的居民，同样也会表现出要控制邻近城市的意图。各地方之间将彼此敌对，而各民族之间则要发生自私自利的斗争，人们把这种斗争称之为战争①。人类的这一切集团为相互斗争所花费的力量，究竟有多少是以公益为直接的目的呢？实际上，这是很少的，但也不足为奇，因为人类还没有采取任何措施来集体酬谢那些为公益建立功勋的人。要想尽可能把如此不同而又经常对立的

---

① 道德家们在谴责人类利己主义和鼓励爱国主义的时候，陷入了自相矛盾，因为爱国主义不外乎是民族利己主义，它会使各民族以不义相待，正像个人利己主义在人与人之间所表现的那样。

关于利己主义的问题，虽然自世界诞生以来就成为争论的对象，而且随后争论得十分热烈，但是对于它的意见仍然众说纷纭。这个问题要得到解决，就在于开辟一条既符合个人利益又符合公共利益的道路。有机体的自保要靠利己主义，而把人类的各种利益结合起来的种种努力也是方向合理的尝试。但道德家们反对把各种利益结合起来，力图消灭利己主义，而他们的这一切想法，却是一系列不难找出原因的错误。道德家们常把空谈看作事实。

人类在原始时代，个人利己主义最强，因为每个人完全没有把他们之间的利益结合起来。

一切力量结合成为一个唯一的整体，要想尽可能把这些力量引导到改善人类命运的唯一道路上来。我认为除了我提出的办法以外，再没有其他更好的办法了。关于学者就说到这里，现在我们来谈一谈艺术家。

每逢星期日，你们都很喜欢鉴赏。你们兴致勃勃地读着写得很好的书，看着美丽的图画和精致的雕像，或者听着可以引你们入胜的音乐。要想说得或写得使你们感到舒服，要想创造出使你们喜爱的图画或雕像，要想谱出使你们心旷神怡的音乐，就必须付出艰巨的劳动。我的朋友们，对这些提供了使你们在业余可以享受最能发展你们智慧的文娱，从而陶冶了你们的最细腻感情的艺术家们给予酬谢，难道还不公平合理吗？

我的朋友们，你们都来签名捐献吧！即使捐献很少一点钱，也会聚沙成塔，因为你们的人数非常之多。此外，你们对提名当选的人表示的尊重，还会给他们带来不可估计的力量。当这条道路使尊重达到顶峰时，你们就会看到富人们将怎样急于想在科学和艺术方面成名。在富人之间，因为游手好闲，或仅仅因为想知道你们有多少人受他们的支配而经常发生争执。他们还常常把你们卷入这种争执中，而你们又常常被这种争执所愚弄。只要你们能够摆脱这种争执，那你们就将取得全胜。

如果你们采纳我的计划，那么还有一件事情要使你们为难，这就是如何进行选举。我的朋友们，我告诉你们我打算如何选举。我要向我认识的所有数学家们征求意见，让他们根据自己的判断各提出三名最优秀的数学家。然后，我再从被推荐的人中间提出三名得票最多的数学家。我也要这样来选出物理学家等。

我的朋友们，我把人类分成三个集团，并对每个集团提出我认为能够促使他们采纳我的计划的理由。然后，我要向我的全体同时代人说明我对法国革命的看法。

取消家庭出身所带来的特权，曾要求人们作出努力来破坏旧制度的各种联系，而又不要因此妨害社会的改造。但是，对全体社会成员发出的经常履行监察职责的呼吁，并没有获得成功。实行把政权交给愚昧无知的人去管理的平等原则①，自然要犯错误，即产生可怕的残酷后果。除此之外，最后还要形成完全不适用的管理形式，因为统治者都是领取薪俸之后才肯管理没有财产的人，而且他们的人数又非常之多，以致被统治者的劳动果实刚刚能够养活他们。这就带来了与没有财产的人的一贯愿望相反的结果，即与少纳税的愿望完全相反的结果。

我认为这个想法是正确的。人生的第一需要是至为迫切的，没有财产的人的这种需要只能极不充分地得到满足。生理学家清楚地知道，没有财产的人的一贯愿望就是减税，不然提高工资也行。

我认为，如果实行下述制度，社会的一切阶级就可能会安居乐业：精神权力由学者掌握，世俗权力由有财产的人掌握，把选举能够担任人类的伟大领袖职责的权力交给全体人民，把尊重作为付给统治者的工资。

我的朋友，明天再见，我觉得今天已经谈得够多了。

---

① 我们同奥伦德·罗德里格的版本一样，删去了一条有关黑人能力的注释。——法文版编者

*　　　　*　　　　*

我不知道这是上帝显圣还是我在做梦,但我觉得确有其事,现在把它告诉你们。

昨天夜里,我听到了这样一番话:

罗马不想再作我的教会的首府,教皇、红衣主教、主教和神甫不再代表我发言,人类对自己委托这样一些没有远见的人来代表我而犯下的渎神罪行感到羞愧。

我曾禁止亚当区别善恶,但他不听我的命令。我把他驱逐出伊甸园,同时给予他的后代以一种使我息怒的方法。这就是要他们认识善恶,从中努力改造自己。这样,我就会改善他们的命运,我把人间变成天堂的日子就会到来。

凡是创立宗教的人都从我这里取得了这种权力,但是他们没有很好了解我的指示。他们都认为我把我的关于神的科学赋予了他们。他们的赤诚指引他们在人生的小节方面分清善恶,却忽略了自己使命中的最重要的部分,即忽略了创建一种使人类理智沿着捷径无限地接近我的神明的预见的团体。他们完全忘记了警告我的神职人员:如果这些人员的学识还不如他们属下的教徒,如果他们任凭世俗权力随意统治,我就要收回他们代表我发言的权利。

我告诉你们:我已把牛顿安置在我的身边,我委托他教育和指挥一切星球上的居民。

由人类的二十一名当选人组成的会议将取名为牛顿会议(总会)。牛顿会议将在地球上代表我,它要把人类分成四个部,分别称为英国部、法国部、德国部和意大利部,每个部各设有自己的会议(分会),其组织的形式与总会相同,每一个人,不管他住在地球上的哪一部分,都要参加其中的一个部,而且都有权选举总会和本部的分会。

妇女可以参加选举,也能当选。

信徒们死后,也将像生前那样享有信徒的荣誉。

分会的理事,非经总会授权,不得开始执行职务。总会绝不允许它认为在学识方面没有达到最高水平的人在其当选的部门中任职。

地球上任何部分的居民,不管其地区大小和位于何处,任何时候都可以宣布成立属于某一个分会的支会,并选举自己的牛顿会议的支会。支会的理事,只有经过上级分会授权,才可以开始执行职务。每个分会在总会内驻有常设代表团,而每个支会则在分会内驻有常设代表团。这种代表团由七人组成,每一门专家各选一名代表。

在各级会议里,由一名得票最多的数学家担任主席。

各级会议都分设两个组:第一组由头四类专家组成,第二组由后三类专家组成。第二组单独开会时,由得票最多的文学家主持。

各级会议都要建立一座纪念堂,内设牛顿纪念塚。这个纪念堂分成两部分:一部分是牛顿纪念塚,用艺术家创造出来的各种作品加以点缀;另一部分,要修建和装饰得使人一看就想到这是损害科学和艺术进步的人们将要长眠的场所。

第一组管理纪念塚的内部祭祀工作。

会议的第二组管理纪念塚的外部祭祀工作，它应把这种祭祀组织得庄严隆重。凡是对人类做出的卓越贡献，凡是对传播信仰有特别功劳的事迹，都将得到崇敬，由理事联席会议确定它们应得的荣誉。

凡是住所距离纪念堂不到一日路程的信徒，应每年一次通过特设的入口，到牛顿纪念塚拜谒。

信徒生了子女，要尽快把小孩带到纪念堂去领洗。

凡是不履行这项规定的人，都将被信徒视为本教的敌人。

如果牛顿认为，为了执行我的意旨，必须把前来谒塚的人送到另一个星球上去，那他可以如此处理。

在纪念堂周围，设立若干实验室、若干实习工厂和一个学院。只有纪念堂可以装饰得富丽堂皇，而实验室、实习工厂、学院、理事住宅和各代表团住所，只能建造得简朴适用。图书馆的藏书永远不得超过五百部。

每个理事每年任命五名工作人员：

一、一位助理，他在任命他的理事缺席时，有权列席会议和参加辩论；

二、一位祭司长，由捐献最多的头五百人中选任，负责组织盛大的祭祀；

三、一位在工作上对科学和艺术的进步做出贡献的人士；

四、一位在科学和艺术方面做出有益应用的人士；

五、一位值得特别尊敬的人士。

只有经过理事的多数通过，这些任命才能生效。每年任命一次，任期一年，但可连选连任。

各级会议的主席要任命一名圣地保管人，由他管理纪念堂及其附属财产。

圣地保管人也执行警察的职责，同时兼任司库，管理经费的开支，但这一切都要在会议的命令下进行。圣地保管人由捐献最多的一百人中选任，他有权列席会议，他的任命由会议的多数通过才开始生效。

要为理事和他们任命的人员设荣誉章。这种荣誉章，可以根据有权佩戴人的志愿，佩在外面或戴在里面。

总会在每个分会设办事机构，轮流到分会去主持会务一年。

拥有最大权力的人将是这个宗教的创始人。作为对他的一种报酬是，他有权参加各级会议和主持它们的工作。他终生享有这项权利，死后葬在牛顿纪念塚内。

一切人都应当劳动，都要把自己看成属于某一工场的工人，这个工场的工作目的，是使人类理智接近我的神明的预见。由牛顿会议总会领导一切工作，它将竭尽全力阐明万有引力定律的作用。这个定律是我支配宇宙的唯一规律。

总会有权增减分会的数目。

各级牛顿会议都要遵守精神权力同世俗权力的分界线。

总会和分会一经选出，战争的灾难便会从欧洲消失，而一去不复返了。

你知道，欧洲人是亚伯的后裔，亚洲和非洲住着该隐的后代。你看，非洲人多么嗜血成性，而亚洲人又多么萎靡不振。这些有罪的人，绝不能继续他们的初衷，以努力接近我的神明的预见。欧洲人要把自己的力量联合起来，把自己的希腊兄弟从土耳其人的统治下解救出来。这个宗教的创始人将是指挥信徒大军的最高统帅。这支军队将迫使该隐的后代信奉宗教，在全球建立起必要的机构，以保证牛顿会议的理事在进行他们认为有益于发展人类理性的一切旅行中安然无恙。

请睡觉吧！

当我醒来时，我清清楚楚地记得你们刚才读过的一切。

第 二 封 信

上帝对我说:难道有人能够创造出一种凌驾于自古以来的一切宗教之上的宗教吗？这就使我们应该想到,自古以来的宗教没有一个是根据上帝的意志建立起来的。你们看,上帝向我启示的宗教的戒律多么清楚,这些戒律多么容易执行。每一个人都有义务经常以自己的力量去为人类造福。穷人的双手仍要继续养活富人,但是富人已经受命用脑子工作。如果他们的脑子不能工作,他们就得用双手劳动,因为牛顿当然不会让这个离太阳较近的行星上的工人在工场中有意无所事事。

教会的神职人员不该再有权选举人类的首长,应由所有的信徒选举他们的领袖。被上帝指名代表他的人应当具备的品质,将不是像纯洁和有节制这类微不足道的美德,而应当是才能,并且是最高的才能。

我不想再对这个问题作深入的阐述。一切相信神启的人必然会相信,只有上帝才能向人类提供促使每个成员都遵守热爱邻人这一戒律的手段。

又及:我本打算写一封信给你们,说明我对宗教的看法。我认为宗教是人类的一大发明,我把它看成是人类进入大同的唯一政治组织。我感到,在我请求你们把统治者放在次要的受尊重的地位①时将会遇到危险。这种危险促使我采用防范的措施:马上向你们传达我要发表的著作中应当包括的一个最主要思想。

假设你们已经知道某个时代的物质分配方式,画出用数字标明宇宙的每一部分的物质数量的宇宙平面图。这样,你们将会清楚地看到:如果把万有引力定律应用在这张平面图上,你们就能以数学知识现在所能达到的精确程度来预见宇宙中将要发生的一切连续不断的变化。

这个假设将使你们的智慧能把一切现象用同一形式表示出来,因为按照宇宙平面图来观察你们自身所占的那一部分空间时,你们就完全见不到你们所说的精神现象同物理现象的差异了。

我对你们所作的这个说明,足以使数学家理解我的思想。

我的亲爱的同时代人,我现在非常高兴:拙著中最主要的部分已经功成圆满,因为我已把它交到你们手里。你们现在有了进入大同的计划,只须稍微改变原有的习惯就可以实现,因为这个计划的各个部分,只要求对通行的观念作某些变动罢了。我已经向学者阐明我在拟订计划时采取的观点。因此,不管我会遇到什么情况,只要我认为是正确的,你们就能从中得到好处。如果不可抗拒的力量使我不能发表我的思想的细节,那么凡是能够清晰地理解万有引力观点的人,或者能够精通生理学知识的人,包括观察人类理性进步的人,只要稍加思考,都可以轻而易举地补上这些细节。

(陆楼法译)

---

① 精神权力一旦为学者所掌握,世俗权力便自然而然地降到次要的受尊重的地位*。

* 我们保留了奥伦德·罗德里格版删去的这个注。我们认为,应让读者了解我们为其出版著作的这位有天分的人的思想经过了哪些发展阶段。——法文版编者

19世纪科学著作导论[*]

---

[*] 《19世纪科学著作导论》是圣西门的早期著作(1807—1808年),它为其以后的思想发展奠定了基础,对研究圣西门学说的发展很有参考价值。我们翻译所据的原文,载于1966年法文版《圣西门全集》第6卷。——译者

第 一 卷

前 言

一个新的创见会使想出这个创见的人感到荣幸,会使他的朋友、同胞和同时代人感到荣幸,会使整个人类感到荣幸。

只有通过自己的著作发挥新创见的作者,才称得起是创造家。

科学方面的发明家,在详述其发现的著作完成之前,几乎都要保守秘密。我认为这种办法并不太好。我的目的是吸收我的同时代人,特别是吸收我的同胞参加我的工作。据我估计,我的这部列出提纲的著作十年之内还不能定稿。我事先把拙著中提出的一些观念公布出来,为的是让同胞们共享我们从未体验过的快乐。我认为,我采取的办法必然对科学有利。如果有比我更合适的人来写这部著作,我情愿让他们去公布我的思想,并愿意把材料拿出来供他们使用。如果天命注定由我来写这部著作,我一定要从大家的审议和讨论当中汲取人们为我提供的解释和观念。

我对培根、笛卡尔、洛克和牛顿等先哲崇敬备至,我钦佩他们在发挥自己的创见时表现出来的一丝不苟的精神。但令人遗憾的是,这些著作家没有把一些分散的观念汇总起来。他们在把一大批观念联系在一起的时候,往往歪曲了各个观念的本义。为了在最短期内传播一组新的观念,必须使用两种方法:既要把这些观念联系起来加以介绍,又要把它们分开单独介绍,以便对整体和各个部分都能进行讨论。

人的认识有浅有深。能够领会新观念的人,现在要比从前多得多了;提出最有力和最新颖观念的现代著作家高于其读者的程度,远远不如古代著名著作家高于其同时代人的程度。我认为,著作家这方面有一种斯文习气,不愿意同读者促膝谈心,而是在读者面前摆出一副教师讲课的架式。我在写作时的心情,与其说是想要讨论我谈的主题,不如说是想要提出一个交谈的话题。

科学革命紧跟着政治革命。查理一世死后不多几年,牛顿就发现了万有引力。我可以预言,我可以预见,立即就要出现一次科学大革命。

我想出一个计划,它的实现将使法兰西民族赢得荣誉。法兰西民族的竞争者,将被迫承认法兰西堪称伟大的民族,有资格在伟大拿破仑的指挥下前进。

笛卡尔从想象手中夺下世界的权杖,把它交给了理性。他说:"给我物质和运动,我就给你创造出一个世界。"他大胆地解释了宇宙的机制。从观察所应依据的观点来看,他的涡流体系①是令人

---

① 涡流体系(Le système des tourbillons):笛卡尔的"以太涡动说"认为,物质世界是连续的,充满世界的物质微粒(以太)由于彼此接触而产生涡流运动。在运动中,同质的微粒逐渐分化为三种元素:大而坚且又运动缓慢的微粒形成土元素,小而圆且又运动迅速的微粒形成气元素,最小的微粒形成火元素。由于物质呈涡流运动,土元素离开中心而形成为行星,火元素留在中心而形成为太阳和恒星,气元素在中间形成为彗星。行星的旋转运动又产生新的涡流,由此而形成与我们的太阳系不同的另外一些太阳系。以上就是天体演化的涡流体系。——译者

惊异的。对这一体系进行初步的、扼要的一般概括具有不可估量的价值。它的各个成分不掺杂任何神学观念。

不应该把牛顿置于笛卡尔之上,甚至也不应该把他们平列。牛顿没有生在伟人们所创造的科学国度,而法兰西人却有幸是这种伟人的祖先。

科学著作有两类:一类是研究事实,另一类是就事实推理,即完善理论。笛卡尔的主要工作就是完善科学理论的。学者们遵循了笛卡尔指出的方向,但却超出它的自然界限。他们陷入形而上学的迷宫,而到洛克和牛顿出世以前,他们便完全忽视了事实的研究。

洛克和牛顿采取了新的方向。他们研究事实,并且取得巨大的成就:一个发现了万有引力,一个发现了人类理性的可完善性。

学者们都变成了牛顿和洛克的信徒。差不多一个世纪以来,他们一直遵循着这两位伟人指出的方向前进;他们研究事实,但又忽视了理论。

为了科学的进步,为了人类的幸福,为了法兰西民族的荣誉,法国科学院应该从事完善理论的工作,回到笛卡尔的方向上来。

为了更清楚地说明我的观点,我们来作一对比。笛卡尔一进入他发现的科学新国,就立即登上最高山峰,从那里毕生俯瞰这个新国,给我们提出关于这个新国的一般观念;而洛克和牛顿则从山顶上下来,一生跑遍了山下地区,只是在行程将要终了的时候才又爬回山顶;但是他们并没有很好地看到新国的全貌,每人只是认识了这个新国的一半。

近百年来,学者们从四面八方遍历了科学国度。现在,该是我们重新回到一般观念的时候了。我们现在应当进行的工作是把近百年来绘制的分图衔接起来；我们现已具备必要的材料来绘制总图。

应该悄悄地建立笛卡尔草创的体系。外行根本不能参加这项工作，而让他们来做这项工作的见证人也是不适宜的。我把拙著的样本送给人的时候，我请他们只向修养高深和性格老成的人传阅。拙著绝不出售，也绝不在报刊上宣传。因此，我要采取我能采取的一切预防措施，以避免因过早发表而可能引起的纠葛。

我所以写作，是因为我有新的东西要说。我的观点在我的头脑中是怎样形成的，我就怎样把它说出，不加修饰，而请职业写作家去润色。我是作为一个贵族，作为韦芒杜瓦伯爵家族的后裔，作为圣西门公爵的写作继承人来写作的。

最伟大的事业和最有力的言论，已由伟人们作出和说出。哥白尼、伽利略、培根、笛卡尔、牛顿和莱布尼茨就是这样的伟人。假如不是王位出缺，拿破仑也会把他提出的创见写成书。

我这两册叙述要点的书，只能被当作导论看待。读者读完它们之后，就可对我设想的计划作出初步的判断。我首先叙述从笛卡尔到新王朝建立期间人类理性的进展，并引证最近两个世纪的杰出人物提出的一般观念。这种引证绝不可断章取义，所以我的引证要做到完整。最初我会受到指责，但很快就会得到赞许。人们将会感到，把学者们今天视为金科玉律的一般见解汇总起来有多么大的好处；人们将会感到，把这些见解全部联系起来，对于科学的进步又是多么重要；人们也将承认，不对比这些见解，不用同一观点把它们整理出来,不把它们写进同一部著作或同一卷书中,就不能令人满意地完成这种联系。

长期以来,学者们遗忘了一般科学。为了卓有成效地研究一般科学,学者们需要做一些预备性的研究。

伟大的拿破仑登基以后,法兰西真是光芒四射,赢得了各种荣誉。新王朝建立以来,我们还能像塔西佗[①]那样来撰写我国的军事史;但我们的学者在科学上却没有提出任何新的观念,英吉利的科学枷锁依然压在我们的头上。尽管皇帝做过种种努力,欲使科学跨大步前进,但我们仍然是牛顿和洛克的信徒。皇帝也曾激发我们的才智,他在法国科学院讲话时就对我们说过:"向我汇报1789年以来的科学进步,告诉我科学现在处于什么状态,用什么方法来推动科学的突飞猛进?"

法国科学院为回答这个重大问题,提出了几篇写得很好的历史报告,但没有用任何一般观念把这些报告联系起来。这个回答也没有指出让科学迈出拿破仑步伐的方法。

皇帝既是人类的政治领袖,又是人类的科学领袖。他一手拿着罗盘定方向,一手握着利剑消灭敌视文明进步的人。像最骁勇的军事家投奔在他的麾下一样,全世界最杰出的学者也应当集聚在他的周围。以拿破仑为首的法国学者,应当在他的指挥下建造起一座空前绝后的雄伟庄严和富丽堂皇的科学大厦。

---

① 塔西佗(Tacitus,55—117年),罗马帝国初期的杰出历史学家、思想家。他的《日耳曼尼亚志》是一部根据亲身观察写成的地方志,对研究古代欧洲具有重大价值。——译者

编纂一部好的百科全书,建立笛卡尔设计的科学体系,是符合伟大拿破仑的观点的唯一科学工作。

拙著就是对皇帝提问的一个回答。本书篇幅很长,我写出一部分就发表一部分。敬请读者赐教。

第 一 章

了解病情以后,就容易找到医治的方法。我要首先找出目前科学体系的主要病症,然后再提出解决办法。

在考察无机体物理学各部分的理论的时候,我注意到在一个很重要的问题上存在着完全相反的观点。

观察太空固体运行和计算其运动的学者(我称他们为固体学家①)说,星球之间是真空的,如果不是真空的,其间必有阻力,固体就要经受摩擦,从而影响它们的运动。

研究流体运行的学者(我称他们为流体学家)以各种不同方式解释光的传送,但不管如何解释,他们都承认光是物质的,承认光是穿过天体空间的一种流体。

因此,固体学家认为天体之间什么都没有,而流体学家则认为天体之间有物质。

---

① 要准确地表达新的观念,必须使用新词。
固体和流体都是宇宙中的物质,因此它们的相互作用也是相等的。
无机体物理学应当分为两门:固体物理学和流体物理学。
研究无机体物理学的学者也应分为两类。人们把这两类人称为天文学家和光学家,但我以为不够确切,因为它们只能很不完全地表达我上述的观念。因此,我决心创造固体学家和流体学家这两个名词。

为什么学者不去努力消除固体论和流体论之间的矛盾呢？

为找出消除这种矛盾的途径，应当站在什么样的科学观点上呢？

第 二 章

应当解决的问题

为什么学者不去努力消除固体论和流体论之间的矛盾呢？

对问题的考察

第一部分　概述

只有深入研究人类理性走过的道路，只有仔细考察我们智力活动的机制，只有精心观察一个观念从初步的概括状态过渡到清晰的概念状态所经过的种种变化，只有准确规定这个观念的一切表现形式和它在取得明显的真理特征之前所呈现的一切变形，才能找到解决问题的方法。

理性的活动有两种方式：研究任何一个单独的问题有两种方式，考察成组的问题也有两种方式；创立理论有两种方式，改进科学工作也有两种方式。一种方式叫作综合，而另一种方式则叫作分析。分析就是从个别事实上升到一般事实；综合就是从一般事实下降到个别事实。有时，人们还用其他词汇来区别智力的这两大职能：把第一种叫作先天地(a priori)考察事物，把第二种叫作后天地(a posteriori)考察事物。

第二部分　事实的考察

17世纪科学著作概观

17世纪初叶，人们开始以观察作为推理的基础对自己的智力活动机制进行研究。培根就是在这样的条件下执笔写作的。他以自己的著作开辟了科学史的伟大新时代，他发现了好的方法，他特别观察了智力的强大功能，他已知道把综合法同分析法区别开来，他应用巧妙的对比使最普通的人都学会了这种抽象观察。

培根采用了综合法。他立足于一般科学观点，他一览无遗地把科学尽收眼底，他对全部的既有知识进行了有系统的分类和再分类。用他自己的话说，他发展了我们智力的一个新工具。

最后，培根提出并概括出以下两个观点：

一、必须着手建立一个新科学体系；

二、必须用综合法建立这个体系。

笛卡尔开始写作比培根稍晚，并且是在这位一般哲学的革新者的推动下前进的。他阐述了培根的基本观点，改进了培根的计划，并将其实现；他建立起新的科学体系，而且也是用综合法建立的；他创立了涡流体系，我们应当把实证科学取得的进展归功于这一个卓越的创见。①

正是笛卡尔组织了科学革命。是他画出了新旧科学的分界

---

① 许多人认为笛卡尔和培根是两位相互对立的哲学家，认为两个人是各有其新科学体系组织计划的发明家。这些人把这两位作者的著作平列起来进行比较，评定优劣，认为问题处理得好者为优。

我认为，学者们采取的这种方式并不好。

线,是他树起了物理学家联合进攻神学家的旗帜;他从想象手中夺下世界的权杖,把它交给了理性;他确立了人只能相信理智认定的和经验证实的事物这个著名原则,从而彻底摧毁了迷信,改变了我们星球上的精神面貌。

笛卡尔首先证明,到他那个时代为止所获得的知识只有做素材的价值;他给这个证明起了一个朴素的名称,叫作方法的怀疑(Doute méthodique)。然后,他毅然决然地表现出他那大胆的理性姿态(他说):"给我物质和运动,我就给你创造出一个世界。"

笛卡尔既机灵又能干,他能够避开僧侣阶级的迫害,而又不妨害自己思想的发扬光大。他郑重声明他承认神的存在,但他又不让神启观念发生任何作用,不使自己的信仰屈服于任何神启观念。他认为,神启观念只是天才人物在人类幼稚无知时代创造出来的科学概括。

培根生于1563年1月22日,笛卡尔生于1596年3月31日,因此笛卡尔出世时,培根已经三十三岁。也就是说,培根五十二岁时,笛卡尔才十八岁。

我现在要问:

一、笛卡尔在十六岁之前有可能想出改造科学体系的计划吗?

二、能不能设想笛卡尔在受教育期间对培根传播的观念一点也不知道呢?

对于第一个问题,我的答复是:

建立新科学体系的计划是组合最抽象的观念所产生的最大成果。根据事物的本性,一个不到十六岁的人的头脑,是不可能初步形成这样一个计划的。

对于第二个问题,我的答复是:

笛卡尔从弗莱舍中学毕业的时候,培根的主要著作已经发表十多年了。我认为,任何一个明情达理的人,只要仔细思考,就会确信:一贯追求强而有力的观念的青年笛卡尔,在中学毕业之前,不可能不知道培根设想出来的并号召全世界学者去实现的计划。

可把一般观念比作麝香:人们不必看到或摸到它,就会嗅到香味;最新的一般观念一经产生,人们的思想就会受到影响。

一直到17世纪末叶,学者都是在培根和笛卡尔的推动下前进的。概观学者这几百年来的著作,可以发现:

一、他们指明了旧体系,即宗教体系的最基本缺点;

二、他们为开创新体系做了初步的准备工作。

附注:法国科学院创建于17世纪结束之前。因此,在17世纪结束之前,革新派学者的团体已开始作为政治团体而存在。

事实的考察(续)

18世纪科学著作概观

第 一 部 分

如果我们长时间地从同一视点去观察事物,我们的眼睛就要疲倦。这时,我们就再也发现不了事物之间的新关系,甚至连最初看见的东西也看不清楚了。

学者们先天地考察事物已近百年,他们疲倦了,所以人类的科学眼睛没有力量去发现新关系,科学停滞不前。人们提出许多原则,但得不出任何结论,体系越来越多。科研机构虽为建立理想世界而热情工作,但忽视了对现实世界的研究。人们沉湎于形而上学,完全忘记了物理学,不再观察事实。洛克和牛顿就是在这种条件下著书立说的。观察他们二人走过的治学道路,我们可以设想他们在投入工作之前,曾作出以下两节所述的推理和论断。

我设想的洛克和牛顿所作的推理

笛卡尔承担的事业既不可能由一个人完成,又不可能由一代人完成,甚至也不可能由下一世纪的几代人联合完成。这一事业极为艰巨,它是人类理性所能做出的最宏伟的事业,所以它的实现就需要很长时间。建立新科学体系要有各种不同的工序,而且要一再重复同一工序,因为每一道工序的初次进行都只能有草图的价值,而应当进行的第一道工序,则是要画出总草图。笛卡尔进行了这道工序,而且完成得很好。他的涡流体系就是新科学体系的令人惊异的总草图。

笛卡尔十分精确地规定了新体系的建立者们应当达到的目标,他说:人只能相信理智认定的和经验证实的事物。

笛卡尔直接奔向他所确定的目标,在通向目标的道路上,他尽其所能开辟各种途径。涡流体系丝毫不违反理智,所以笛卡尔满足了他提出的第一个条件。

涡流体系对个别事实并没有作出令人满意的解释,即这一体系还没有用经验证实,也就是说,笛卡尔并没有满足他提出的第二个条件。我们对涡旋体系的这一缺陷不应大惊小怪,因为这是事物的本性所决定的,即经验不会走在发现的前面。

人类知识的宝库中,还没有在这方面观察到的事实。在笛卡尔建筑新科学大厦的时候,还没有备齐必要的材料,所以这位哲学家就不可能使他的事业取得完美的成就。

必须拆除笛卡尔建立起的大厦,但要精心保存起他使用过的建筑材料;除了拆下来的材料外,还必须添加新的材料;必须致力于新事实的发现,等到材料备齐再重建这座大厦。总之,必须停止先天地观察事物,而是要后天地观察事物,即必须暂时放弃综合法,而采用分析法。

我设想的洛克和牛顿所作的论断

我们主张把科学分为两部分,即分为无机体科学和有机体科学。我,牛顿,从事于无机体的研究;我,洛克,致力于有机体的研究。我们每个人都在各自选择的范畴观察个别事实,并从个别事实上升到一般事实。我们二人都不研究共性这样的一级科学观念,即不研究可以把在两个范畴内观察到的事实联系起来的科学观念;我们二人都不试图依靠一般科学观点,都不建立新科学体系的一般组织。

我们向人类声明:我们欣赏笛卡尔的著作,我们的意图是向他指出的目标前进,继承他的事业,一句话,完善他开创的科学体系。

如果说我们采取的方式不同于笛卡尔的方式,这并不是说我们不赞同他的方式,而是因为我们不能回避自然规律。

泛化和分化是精神活动所需的作用,犹如收缩和舒张的作用为生理活动所需要一样;这是人类理性以等长的时间轮流交替使用的功能。

但是,笛卡尔从事的是泛化(一般化)活动,而我们要做的是分化(个别化)活动,把我们提出的个别观念留给我们的后继者去泛化。笛卡尔运用综合法,而我们则采用分析法;笛卡尔先天地观察事物,而我们则后天地观察事物。

人类理性应当轮流交替地收集材料和用它们去建筑科学大厦。笛卡尔使用了萨拉森人输进欧洲的材料以及哥白尼、开普勒和哈维[①]提供的材料。我们的任务是收集新材料,把它们留给以

---

① 威廉·哈维(William Harvey,1578—1657年),英国著名生理学家和医生,血液循环的发现者。——译者

洛克和牛顿的科学著作

洛克和牛顿并没有作过上述的推理和论断。假使他们真是这样做了,就一定会写在自己著作的卷首。我们的这种入题方式比他们自己采用的方式更为可取,因为这样的导论会使他们的丰富了人类知识宝库的卓越发现更易于理解。

洛克和牛顿并没有说明他们所以采取那种方式的动机,而且也没有讲明他们所以决定采取那种方式的理由。他们只用自己的科学本能做向导,但是这个向导领导得非常好。

洛克和牛顿离开了崎岖小道,去为自己开辟新的道路;他们走下科学高峰而来到平原,从平原为自己选择了出发点。

牛顿看到苹果坠落之后,就从这一简单的事实拾级而上,一直上升到万有引力的观念。

洛克的注意力最初集中于我们最直接的感觉,即集中于我们的第一需求所派生的感觉;他从抽象到抽象,一直上升到人类理性的可完善性的观念。

洛克和牛顿的著作发表之后不久,也就是说,从 18 世纪初叶起,学者中间出现了不同的意见,分成了水火不相容的两派,洛克-牛顿派向笛卡尔派宣战了。

第 二 部 分

洛克-牛顿派和笛卡尔派的争论

今天,不难看出这个争论所犯的错误。

学者们本想研究一般情况,但却考察了个别情况。

假如学者们最初立足于高超的观点,看清各项发现之间的联系,看清相继阐明科学机构的研究成果的各项重大创见之间的联系,那么,他们就会努力去理解笛卡尔派的观念怎么能产生洛克-牛顿派的观念,一句话,他们就会恰当地提出和讨论所要考察的问题。

假如问题提得恰当,则笛卡尔的理论一经问世,学者们就会首先把注意力集中到人类知识的状态上去,就会确认笛卡尔已经把新科学体系的建立推进到当时条件所能允许的高度,就会看到提出新体系的初步轮廓是势所必然,就会看到只有如此才能把科学机构的注意力集中到应当从事的工作上去,就会认为涡流体系是一个暂时的体系,就会把这一体系看作使实证科学由此形成为完整体系所必需的工作草图,就会不去批判涡流体系,就会不让洛克和牛顿的著作与笛卡尔的著作互相对立起来,也就不会去争论综合法和分析法孰好孰坏。这种孰好孰坏的争论十分荒谬,犹如对一台泵的作用,硬要争论究竟是活塞上升好还是下降好一样。对这一问题,人们只能回答说:"如果活塞处在泵体的上部,就应叫它下降;如果处在下部,就应叫它上升;正因为活塞有自上而下和自下而上的交替运动,泵才起作用。"

假如问题提得恰当,学者们就会觉察到笛卡尔是有意采用和提出新科学领域的一般观念的,就会觉察到笛卡尔因此一开始就把自己置身于科学的顶峰,就会觉察到他首先站在哲学的高原,一览无遗地掌握人类知识的所有领域,随后又下降到两个次要的观点:他写出《论人》(*Traité de l'homme*)一书,说明他停留在有机体物理学的观点上；而他的屈光学和他在几何学上对代数的应用，则说明他停留在无机体物理学的顶峰。

学者们本应当看到，笛卡尔已被上述的著作累得筋疲力尽。这样，他们对笛卡尔到达平原后的疲惫不堪，对笛卡尔科学旅程日志的最后部分远远不如最初部分，也就不会感到惊奇了。

假如问题提得恰当，学者们也就会觉察到，洛克和牛顿在发现一般原则十分协调，而原则的应用却很不好的时候，必然要观察、比较和解释个别现象。

实际上，问题是提得不恰当的，所以学者们自认为是在探讨一般情况，其实只是探讨了个别情况；自认为是提出了一般原则，实则只提出了个别原则。但是，学者们所犯错误的性质并没有立即产生不良后果，所以 18 世纪的科学著作仍然很有价值。

学者们没有想到应当轮流交替地发挥泛化和分化的作用，应当轮流交替地运用综合法和分析法，应当轮流交替地进行先天的观察和后天的观察，而是指示人们必须走洛克和牛顿的道路。

18 世纪科学著作概观（续）

洛克-牛顿派和笛卡尔派争论之后的著作

第一类

我认为，在洛克和牛顿的著作之后写成和发表的 18 世纪的科学著作中，有四部最为著名：

头两部是《函数论》和《天体力学》；

另两部是《论感觉》和《人类理性进步的历史概观》。

前两部是牛顿著作的继续；后两部是洛克著作的继续。

牛顿的创见的改进和发展

《函数论》

在天才们想出的新颖、有力和正确的创见中,总会掺杂一些错误的观念,而清除这些观念所需的时间,则与该发现的重要程度成正比。牛顿用无穷小的观念作为其微分法的杰出发现的基础,这就非常错误地把物理学观念同纯数学观念混杂在一起了。

拉格朗日先生终于区分开良莠,他建立的微分法理论没有任何物理学观念。

拉格朗日先生对其微分法的发现,对从牛顿到他为改进微分法所做的种种努力,以及对他为达到这一目的所采取的种种方法,作了如下的叙述。

> 从广义上来讲,函数计算的对象和微分计算的对象一样,但是函数计算,没有微分法的那些在计算原则上和一般演算过程中遇到的困难。此外,函数计算还能把微分计算与可以说现已成为另一门独立科学的代数学联系起来。
>
> 我们知道,作为莱布尼茨的微分法基础的无穷小的假定是有一些困难克服不了的。为了克服这些困难,欧勒[①]把微分看作是零值的,从而把微分比的表达式写成不表达任何观念的 $0:0$。

[①] 列奥纳特·欧勒(Leonard Euler,1707—1783年),瑞士杰出的数学家、力学家和物理学家,曾前后在彼得堡科学院(1727—1741年和1766—1783年)和柏林科学院(1741—1766年)工作。——译者

麦克劳林①和达兰贝尔运用了极限的观念,并把在有限差变成零值时的微分比看作有限差比的极限。

这样来表达微分量,只是把困难往后推了,因为在最后解析时,无限减小的差比仍然变为0∶0。

况且可以看出,当某个量无限减小时把极限这个常用词用于解析式就很不恰当,因为这种极限缩减到零之后还可以变成负数。在几何学上也是如此。严格地讲,并不能说次切距就是次割距的极限,因为次割距变成次切距之后仍然可以继续增大。

根据老前辈的定义,真正的极限是一个虽然可以随意接近但绝不能超过的量。例如,圆周对内接多边形和外接多边形来说就是如此,因为不管边数增加多少,内接多边形总超不出圆周,外接多边形也进不入圆周。同样地,渐近线也是它所归属的曲线的真正极限,如此等等。

再者,我并不否认,像麦克劳林和达兰贝尔以及他们以后许多其他学者所做的那样,对以特殊方式规定的极限进行研究,可以精确地证明微分学的原理。但是,人们在这里不得不使用的形而上学之类的东西,即使说与分析精神不是完全相反的,至少也是格格不入的,因为分析不能允许有形而上学,而只能依靠基本原理和主要的基础运算。

关于微分系数法,的确可以把微分系数看作量变的速度,

---

① 科林·麦克劳林(Colin Maclaurin,1698—1746年),英国数学家,牛顿的友人。——译者

并从这里抽出任何力学观念；但是在微分系数中，上述速度的分析测定也取决于无穷小的量或无限减小的量的研究，从而同微分学有同样的困难。

如果深入研究这些不同的方法，或者更确切地说，如果深入研究同一方法的不同考察方式，就会发现这些方法或方式的唯一目的，就是设法通过移项或者说通过使前项与数列的其余项隔开的办法，单独求出函数展开的前项，因为需要用微分学解答的一切问题，仅仅取决于这些前项。可以说这就达到了目的，几乎无需怀疑，运算的目的就在于此。

从曲线的研究中产生出无穷小的方法，接着再把它变换成无限减小或极限的方法，而从运动的研究中则产生出微分系数法。在分析中，人们便借用了从上述研究中得出的原理。人们一开始没有看出，至少是似乎没有看出，取决于这些方法的问题，经过分析研究，可简单地归结为对导函数的研究，即对已知函数展开的前项的研究，或者可归结为用导函数对原函数的逆向研究。

牛顿在最初解答沉重物体在受阻的条件下移动所画出的曲线问题时明确指出，这个问题不应当用纵坐标数列的前项来解答。但是，在应用这一原理时他错了。在第二次解答时，他研究了四个连续的纵坐标的差，而且完全使用的是微分法。尽管他仍然说问题要用数列的前项来解答，但是可以看出，这句话同上下文没有任何直接的关系。

因此，更为合理和更为简单的办法是直接研究函数的展开，而不走无穷小或极限等形而上学的弯路。与其说这是使微分学完全取决于这种展开,不如说是把微分学引回到纯代数的原点。

然而,在微分学产生的时候,人们还没有函数所包含的那种相当广义的观念。

最初的数学分析家们使用微分这个词,只是表示同一个量的各次方。随后人们把含义扩大,表示另一个量以任何方式形成的一切量。现在,一般是用这个词表示一个量根据已知定律取决于其他一个或几个已知量。

从这个观点来看,就应当把代数学看作函数的科学,而且不难看出,方程的解一般说来只在于用已知量的已定函数求未知量的值。因此,这些函数就表示为求出待求量的值而对已知量进行的各种运算,而且这些函数实际上不外是计算的最后结果。

但是,在代数学中,只是研究一般化了的,即改写成字母的算术运算所求的函数,而不是像在真正的函数计算中对不定的增值得出一个或几个函数量,以研究数列展开的代数运算所求的函数。

用一般方式来研究的函数展开,产生出各级的导函数;而一旦找到这些函数的数字算法,就可以只研究这些函数本身,而不考虑它们所由来的数列。因此,只要把一个已知函数当作原函数,就可以用简单而划一的法则从中导出其他的所谓的导函数;只要在若干变数之间得出任意方程,就可以逐步过渡到导方程,再从导方程回到原方程;这种转换也适用于微分法和积分法,但根据函数理论,这要取决于以简单的计算法则为基础的纯代数运算。

　　研究面积、正切、接触半径等时,导函数必然要出现在几何学中;而研究速度和力时,导函数则必然要出现在力学中。举例来说,如果把一个曲线面积看作横坐标函数,它的纵坐标就是第一导函数或第一函数;纵坐标与次切距的比用纵坐标的第一函数来表示,从而也用面积的第二导函数或第二函数来表示。接触半径取决于纵坐标的前两个导函数,其余类推。同样,如果把经过的空间看作时间的函数,速度就是第一函数,而加速的力则是第二函数。由于曲线几何和力学的这些因素能够提供像方和根的代数式这样简单易解的算式,所以这也许算是函数计算的一点小贡献。

　　就函数的构成量中的一个量来研究函数时,可不考虑这一量的值,而只研究它进入函数的方式,即只研究函数同这一量和同其他量的组合方式。因此,只要和它组合在一起的其他量恒定不变,则不管它如何变化,函数仍被看作始终不变的。因此,就函数而言,必然有变数和常数的区别。"

欧勒先生概括和阐述了拉格朗日先生所证明的全部真理。

在科学史中,能够找出一个伟大理论的最初观点、一切细节和全部证明都是出自一人的例子吗?

《天体力学》

　　拉格朗日先生改进了牛顿发明的计算方法,拉普拉斯先生概括和改进了这种计算的应用。

下面是拉普拉斯先生设想的著作计划。他实现了这一计划,所以他的著作的导论可以算作他的著作的摘要。

牛顿在上世纪末公布了万有引力的发现。从那以后,几何学家们经过努力,终于把宇宙体系的一切已知现象都纳入这一伟大自然定律,从而赋予天文理论和天文图表以出人意料的精确性。我决定用同一个观点阐述这些散见于大量著作中的理论,汇编成《天体力学》,以综述万有引力对茫茫太空中的太阳系和其他类似体系的固体和流体的平衡和运动所发生的全部作用。最广义的天文学是力学的一个大问题,因为在力学中天体运动的参数是任意值。问题的解答既取决于观测的精确性,又取决于分析的完善性;而且至为重要的是不能想当然,要使解答只依靠必不可少的数据和观测。我必须竭力达到拙著所预定的重大目标。考虑到题目的繁重艰巨,我希望天文学家和几何学家从宽对待拙著,从中找到他们的研究所需的相当简易的答案。拙著分为两部:第一部论述测定天体重心运动的方法和公式、天体图像、天体周围流体的变动和天体围绕各自重心的运动;第二部先把第一部给出的公式应用于行星、卫星和彗星,然后考察有关宇宙体系的各种问题,并概述这方面的几何学著作的简史。拙著采用直角和日长的十进分法[1],至于长度测量单位,仍采用根据敦刻尔克至巴塞罗那的经线所测定的米长。

---

[1] 直角为 $100°$,圆为 $400°$,日长为 10 小时。——译者

拉普拉斯先生关于月球理论的研究足以使他在光荣殿中占有显赫的地位。

月球理论还不完善。长期以来,天文学家们几经观测,证明这个卫星的平均运行并不规则;但是,没有一个人指出这种不规则的原因,没有一个人精确地测定出不规则的差比。拉普拉斯先生填补了这个重大的空白。

拉普拉斯先生证明:所谓的月球不规则运行实际上是非常规则的运行,月球的这种运行是万有引力的直接效应,这个看来好像是牛顿学说不能解释的例外或个别事实恰恰同牛顿学说所依据的一切事实完全一样,绝非例外和个别。我认为,拉普拉斯先生的这个证明是永远值得称赞的。

这位学者为作出他的证明所采用的方法多么有效、多么平易、多么简单!

天才的禀赋是拉普拉斯先生的基本条件。

在所有的天文计算中,(拉普拉斯先生说过)人们都把行星看成是完全圆的球体。问题的这种提法没有什么不妥,但只能限于考察太阳系的各星体的一般作用和相互作用。所忽略的量比起所计算的量是小得微不足道的,观测时感觉不到这种不精确性所引起的误差。但在月球理论中,如果忽略了这个量,那就错了。改进月球理论的方法是:在计算地球对月球的引力作用时,不要把地球看成完全圆的球体,而要看成自转轴的两端平扁的球体。

拉普拉斯先生做完计算之后,就设法去求证计算。这个求证需要大量工作,还必须研究对月球所做的全部观测。这位学者向科学院报告了这一工作的艰巨性。只要有利于科学的进步,科学院总是立即行动的。正如拉普拉斯先生所希望的那样,科学院提出了课题悬赏。布瓦尔①先生和布尔格②先生前来应征,并分得了奖金。他们比较了三千多次观测,用观测证明了拉普拉斯先生的理论的正确性。

洛克思想的完善和发展

概述

在向读者直接介绍洛克思想的完善和发展以前,我先考察一下科学史上的一个重要问题,并竭力把它搞清楚。这个问题就是科学著作的划分问题:洛克和牛顿在新科学体系中所完成的划分,柏拉图和亚里士多德在旧科学体系中所完成的划分。

在两个伟大的科学发现之间,必有一个长期的间隔。伟大的科学发现都是轮流交替地由一个人和两个人领导完成的。

这两个事实的存在原因,不难从历史上找到证明。

第一个事实的原因

在两个伟大的科学发现之间,必有一个长期的间隔。一个伟大科学发现的特征是什么呢?

只有改变科学团体的研究工作的指导方向的科学发现,才称得起第一流的科学发现。但是,由于事物的本性:

一、科学团体只能根据综合法或分析法进行研究。因此,重

---

① 亚历克西·布瓦尔(Alexis Bouvard,1767—1843 年),法国天文学家,经纬度测绘局主任。——译者

② 约翰·托比阿斯·布尔格(Johann Tobias Bürg,1766—1834 年),奥地利天文学家。——译者

大的发现只能是创造出一套可以决定学者们从综合法过渡到分析法或从分析法过渡到综合法的观念。

二、在这两个过程中,学者们必须走完一个过程的全程,才能从一个过程过渡到另一个过程;而且不论是从哲学的高度下降到科学的细节,还是从最个别的事实上升到最一般的事实,人类理性都需要一段很长的活动时间。

由此我得出结论:

在两个伟大的发现之间,必有一个长期的间隔。

第二个事实的原因

伟大的科学发现,都是轮流交替地由一个人和两个人领导完成的。

我前面说过:

一、人类理性是轮流交替地使用先天法和后天法来观察事物的。

二、伟大的科学发现只是先天地或后天地观察科学总体的一种新方式。

(我认为)如果我对上面的两点讲得已够清楚,那么我现在的任务就是找出第二个事实的原因,即根据事物的本性证明:以先天法提出的创见是单纯的,而以后天法提出的创见则是复杂的。我现在来论证。

用新方式先天地考察事物,就是重新组织一般原则。这一工序要求组合一般原则时前后统一,从而这就不可能是多数人合作的结果。

后天地考察事物,或对个别事实进行新的考察,需要很长的时间和详细的论述,而这绝非是一个人的能力可及的。

为了从方法论上证明以上所述,就必须完全撇开直接感觉,上升到最高抽象的领域,并在这里停留必要的时间去重新组织一般原则和用这些原则去解释现象,因为现在只有探讨对物理学的进步有明显利益的发现时,形而上学才能引起学者们的注意。简而言之,为了确切证明上面提出的问题,就必须在这段插叙中一一陈述本书将要提出的全部最有力论断,但这样做又不太适宜。

因此,我暂时只提出这个证明的结果。

可把科学领域视为中央部分耸有一座高山的国度。从这座高山的顶峰,一个人就可以看到全国;而在平原,至少要有两个人才能看到一个人从顶峰上所见到的全貌。如果现在把笛卡尔比作站在顶峰上的人,把牛顿和洛克比作站在平原上的人,那就可以看出,学者们在 17 世纪只有一个向导,而在 18 世纪则有两个。虽然 18 世纪的学者们分成各有自己领袖的两派,但我在考察他们的著作时力求把它们统一起来,所以我希望人们能够为我的努力而喝彩。

《论感觉》

仔细研读洛克的著作,可以发现这位学者对解剖学、医学和生理学都造诣很深,对有机体物理学各个部门的知识也都达到了当时已有的水平。洛克显然是以把精神方面的现象,即智能现象纳入物理观念的范畴为目的的。洛克显然是以此为目的,因为他曾抨击、驳斥和摧毁兽类自动论之类的天赋的、神启的和灵感的观念;他甚至还试图把对最低级动物所做的观测同对最高级植物所做的观测联系起来。

在洛克的时代,相信神启观念的人为数还相当可观。僧侣集团虽已分裂成相互攻讦的两派,但仍然很有势力。新教僧侣和旧教僧侣在反对建立新科学体系这一点上,还是利益共同的。两派僧侣都认为,世俗人应当是他们的下属。一句话,神学家(既然认为世俗人是他们的从属)企图禁止世俗人研究重大的观念,叫人们相信神职人员从超自然的(即不可思议的)权力那里得到解答一切重大科学问题的能力,从而把重大的观念禁锢在信仰的范围之内。

以建立新科学体系为主要目的的洛克,为建造科学大厦收集材料的洛克,不得不耍点机智;他不能毫无顾忌地发挥自己的思想,被迫(为了避免僧侣的迫害)在论证神启观念并不存在的每一章节的开首,都要郑重声明他相信神启观念。

洛克在其著作中所用的大量护身符,使他的著作很难于理解,以致像孔狄亚克[①]这样的人,为理解他的一个最重要观点都感到非常吃力。例如,孔狄亚克在给一位女友的信中说过:

> 我们回忆不出我们出生时的无知情形,因为当时的状态未留下一点痕迹。我们所能回忆出来的无知情形,只是我们记住的那些学过的东西;而且为了理解我们所学的东西,必

[①] 埃蒂耶纳·孔狄亚克(Etienne Condillac,1714—1780年),法国的思想家,在认识论方面最彻底地发展了18世纪的启蒙哲学,把一切认识过程都直接归结为感觉。尽管孔狄亚克持有不可知论的观点,但是他的认识论的许多重要论点却接近唯物主义哲学观点。——译者

须先知道一点东西；我们必须先用几个观念来感觉，然后才能观察我们用原先没有的观念去感觉的东西。今天可使我们如此清楚地了解一个认识向另一个认识过渡的这种深刻的记忆，却不能溯源到最初的一些记忆；相反地，最初的一些记忆是被它假想出来的。因此，我们就认为这种倾向是与生俱有的。说我们学会了看、学会了听、学会了品味、学会了感觉、学会了触摸等等，都是似是而非的怪论。看来在感官形成的当时，天性就赋予了我们以全会运用感官的能力，而无需学习就能一直运用它们，因为我们现在并不需要学习使用它们。

在发表拙著《论人类知识的起源》时，我就抱有这种见解。洛克对于一个胎生盲人被治愈复明的议论，也没有能使我放弃这一见解。与这位哲学家相反，我仍坚持眼睛生来就会识别形象、大小、方位和距离。

在孔狄亚克著书立说时，僧侣已经丧失了他们在洛克时代拥有的大部分势力。孔狄亚克很少受到威胁，他大胆得多了。孔狄亚克走过洛克所开辟的道路以后，终于看到被第一个走完全程的杰出天才所荫蔽的细节。孔狄亚克用不着洛克那么多的护身符。

在沙·乌埃版《论感觉》卷首的论点摘要的头几页中，孔狄亚克将其目空一切的态度表现得十分清楚。我在下面将要引述这段摘要。孔狄亚克过分自负，自认为是第一流的天才，其实不过是洛克的一个注释者。这个错误对科学并没有什么妨碍，因为一个人只有在心灵上摆脱从属感，才能表现出他的全部才能。

《论感觉》的论点摘要

这部著作的主要目的是说明我们的一切知识和一切能力是怎样来自官能的,或者更确切地说,它们是怎样来自感觉的,因为官能实际上不过是偶然原因。官能并不感觉事物,借助官能来感觉事物的只是心灵;是感觉使心灵发生变化,人们才获得一切知识和一切能力。

我的这项研究并不能无限地促进推理艺术的发展,只能使它发展到获得初步原则。事实上,如果不了解我们的思想是怎样形成的,就找不到经常不断指导我们思想前进的可靠方法。对于那些总是求助于自己都不理解为何物的本能的哲学家,你能够指望他们什么呢?只要我们心灵的活动还是神秘莫测的,未被我们了解,你能夸口消除我们的错误的根源吗?因此,必须先从我们受到的最初感觉开始考察;必须探讨我们的初始活动的原因,追溯我们观念的根源,同时详述我们观念的形成和发展,一直跟踪追迹到大自然给我们规定的界限。总之一句话,正如培根所说的,必须全面重新研究人类的悟性。

但是,有人会反驳说:只要重复亚里士多德所说的我们的知识都来自官能,就已经说得够全面了;绝没有一个有头脑的人不会进行你们认为是如此必要的发挥,但也没有什么比同洛克一起去就这些细节钻牛犄角再徒劳无益的事情了;亚里士多德能用那一句名言概括出我们知识的整个体系,这完全证明他是非凡的天才。

我承认亚里士多德是最杰出的天才之一,而提出上述反驳意见的人也无疑是博学之士。但是,只要听一听他们的议论,或者如果他们写有哲学著作而读一读他们的这种作品,就足以确信他们对洛克的指责是多么站不住脚,而如果他们不是去批判而是去研究这位哲学家的著作又是多么有益!

如果这些人使用的方法是正确的,而且运用得非常清楚和十分确切,那他们还多少有点权利把形而上学为认识人类理性所做的努力看成是徒劳无益的。但是,我们完全可以怀疑他们如此重视亚里士多德是为了能够轻视洛克,而轻视洛克又只是为了轻视所有的形而上学者。

长期以来,人们都说我们的一切知识来自官能。但是,逍遥派还远远没有懂得这一条真理,所以尽管他们中间许多人都有这种想法,但从来没有能够发展它,而且在数世纪之后,这仍是一个有待发现的问题。

往往一个哲学家表示赞同一个真理,可是他并没有弄懂这个真理:他有时是追赶浪头,随声附和;有时是驯而不服,另有野心,他反抗,他战斗,他偶尔还能惑众。

几乎所有的流派都是这样形成的,所以它们往往是信口雌黄,胡诌一通,但有的议论也要有些道理,因为它们总是要相互挑毛拣刺的。

我不知道亚里士多德在提出知识根源的原则时有什么理由,但我知道他并没有给我们留下发挥这一原则的任何一本著作,而且总的来说,他是竭力反对柏拉图的见解的。

在谈完亚里士多德之后,可立即来谈洛克,因为不必考虑就这个题目有所论述的其他哲学家。这位英国人无疑曾在这方面大放异彩,但也留下了一些阴影。我们将会看到:他没有留意在我们的感觉中还掺杂着很大一部分识别活动;他不懂得我们是多么需要研究触、视、听等等活动;他认为心灵的一切能力都是天赋的品质,而没有想到这些能力也会来自感觉。

从整个广度来讲,他远没有掌握人的体系;假使没有莫利纽克斯[①],恐怕他始终也没有机会知道视觉中还掺杂着识别。他曾明确断言,其他官能也都一律没有掺杂着识别。因此,他认为我们生来就有一种会使用官能的本能,而无需用思考来帮助我们运用官能。

试图研究人类思想史的毕丰先生[②],一开始就假定他所设想的人具有人应当获得的习惯。他不知道每一官能是通过什么判断顺序发展起来的,所以他说:在动物身上,嗅觉属第一,只有嗅觉可以代替其他一切感觉,而且从一开始,从而在学会触摸之前,嗅觉就决定和指导着动物的一切动作。

《论感觉》是唯一能够剖析人的习惯的著作。观察人出生时的感觉活动,就可证明我们是如何学会使用自己能力的;而凡能很好理解我们的感觉体系的人,都会承认没有必要使用

---

① 威廉·莫利纽克斯(William Molineux,1656—1698年),爱尔兰哲学家,曾研究数学和天文学。——译者

② 若尔日·毕丰(Georges-Louis-Leclerc Buffon,1707—1788年),法国杰出的自然科学家,著有《自然时代》等作品,曾猜测到生物界的变异,指出猿和人的起源的共同性。——译者

本能、机械运动和其他类似的暧昧不清的字眼,或者退一步说,如果一定要用它们,就得能够把它们变成明确的观念。

但是,为了达到本书的目的,既绝对需要重视我们的一切活动的本源,又绝不能忽视我们的一切活动本身。本摘要所要指出的,也只是这一点。

如果人对自己的感觉毫不关心,那么事物对他的印象就像影子一样,留不下任何痕迹。过了几年之后,他仍和最初一样,任何知识都没有获得,除了官能之外没有其他能力。然而,人的感觉的特性绝不容许人们长期处于这种麻木不仁状态,因为感觉必然有使人痛快的和不快的,而人就是总想方设法去寻找痛快而避免不快的;而且快乐和痛苦的对比越鲜明,对心灵的作用也越强烈。

在缺乏一种我们认为是我们的幸福所必需的东西时,我们就会感到困难。我们把对困难的担忧叫作需求,而由需求又产生出愿望。这种需求随着情况一再重复,而且往往由此产生出新的需求,从而使我们的知识和能力得到发展。

洛克第一个指出,因缺乏某种东西而引起的担忧是我们作出决定的根源。但洛克认为担忧来自愿望,其实恰恰相反;另外,洛克还把愿望和意志严格地区别开来,其实两者并没有多大区别;最后,洛克只是考察了正常人的担忧造成的影响,即能够运用一切官能和养成一切活动能力的人的担忧造成的影响。

因此,只须证明这种担忧是使我们养成触、视、听、嗅、尝、比较、辨别、思考、希望、爱、憎、恐惧、想念、欲求等习惯的最初根源。总之,心灵和肉体的一切习惯都是由此而来的。

为了证明这一点,必须比这位哲学家再上升得更高一些。但是,由于我们无法考察我们最初的观念和最初的感触,所以就必须猜测,从而也就必须作出种种假定。

然而,仅仅再上升到感觉还是不够的,因为要阐述我们的一切知识和一切能力的进步,就必须把应当归属于各种官能的活动分辨清楚,而这项研究现在还没有人尝试过。因此,我把《论感觉》分为四个部分:

第一部分论述自身不能识别外界事物的官能。

第二部分论述触觉,即独自能够识别外界事物的官能。

第三部分论述触觉如何使其他官能学会识别外界事物。

第四部分论述能够运用全部官能的单独人的需求、观念和智能。

以上的叙述清楚地表明,本书的目的是说明我们的每种官能产生什么样的观念,以及所有的官能联合起来又怎样给予我们以生存所必需的一切知识。

所以说,人的整个体系都是从感觉产生出来的,这个完整体系的各个部分既相互联合又相互补充。这是一串前后连贯的真理:前面的观察给后面的观察做准备,后面的观察给前面的观察做证明。举例来说,在你阅读第一部分时,就开始想到视觉可以下必依靠本身去辨别大小、形状、方位和距离;而当你在第三部分读到触觉如何给予视觉以这一切观念时,就会对这一点心悦诚服。

虽说这一体系的基础是一些假定,但由此得出的一切结论却是由我们的经验证实了的。例如,绝不会有一个人只有嗅觉,因为这样的动物是生存不下去的。但是,为了说明我们在观察时所作的推论是正确的,只要对我们自身稍微考察一下,就得承认我们虽可以把个人身上发展的一切观念和一切能力都归之于嗅觉,但只靠嗅觉这一官能,我们却不可能获得其他观念和能力。我们可以撇开视觉、听觉、味觉、触觉不管而只考虑嗅觉,但我们所以要设想一些假定,只是为了把这种抽象说得更为明白易懂。

《人类理性进步的历史概观》

洛克在其哲学著作中论述了个人智力的发展和人类理性的完善。

孔狄亚克给洛克关于个人智力的论述作了注释。

孔多塞[①]努力把体系建立在完善的观念之上;他发展了洛克关于理性的无限可完善性的叙述。[②]

下面是孔多塞写在其著作卷首的内容提要:

---

① 让·安托万·孔多塞(Jean Antoine Condorcet,1743—1794年),法国资产阶级革命的著名活动家、学者和思想家。他的数学、经济学和历史方面的著作对圣西门世界观的形成起过很大影响。他在《人类理性进步的历史概观》中,用决定论的观点阐述了人类的逐步发展。圣西门曾预定根据这部书来写他的《人类科学概论》的第二部分。——译者

② 普莱斯和普利斯特列*二位博士后来阐明了洛克的人类理性可完善性的观念,孔多塞利用了他们的著作。

* 理查德·普莱斯(Richard Price,1723—1791年),英国政治家、经济学家和道德论哲学家,资产阶级激进主义者。

约瑟夫·普利斯特列(Joseph Priestley,1733—1803年),英国著名化学家,1774年发现氧气,曾对化学的发展做出重大贡献。——译者

人生来就有能力接受感觉,从所接受的感觉中识别和分辨构成复合感觉的简单感觉,记住、认识和组合它们,在记忆中储存或复现它们,从组合中比较它们,找出它们的异同;还有能力对所有这些对象打上记号,以便更好地认识它们,从而便于进行新的组合。

个人的这种能力,在外界事物的作用下,即由于某些复合感觉的经常存在,而在人身上逐渐发展。复合感觉的恒定性,无论就其总体的同一性而言,还是就其变化规律而言,都是不依人本身为转移的。个人也能通过与其他人的相互来往而锻炼这些能力。最后,在这种能力得到初步发展之后,人们还能通过后天习得的方法使其有所发现。

感觉有的带来快乐,有的带来苦痛;人也能把这些瞬间的印象转变成持久的、甜蜜的或苦痛的感受;并且在看到或想起其他可感事物而快乐或苦痛时,还能回味这种感受。最后,这种能力与产生观念和组合观念的能力结合之后,就产生人与人之间的权利和义务关系,这些关系又必然与我们最宝贵的幸福和最大的灾难息息相关。

如果从人类的不同个体的共同点出发,只观察和认识人的上述能力的发展所表现的一般事实和恒定规律,则这门科学就叫作形而上学。

但是,如果从同一时期和同一地区生存的人群所表现的结果来研究这一发展,而且是研究代代相传的发展,这就是概观人类理性进步的历史。人类理性的进步也遵循着个人能力发展所遵循的规律,因为人类理性的进步同时就是集合成社会的大量个体的能力的发展的结果。但是,每一断代的结果一方面取决于前一断代的结果,另一方面又影响以后各断代的结果。

这是对人类理性进步的历史概观,因为它是通过对过去不同时代的人类社会进行连续观察而形成的,而且一直是叙述其变化的。这个历史概观要指出变化的程序,说明每一断代对下一断代所起的影响,进而根据无数世纪以来不断更新的人类所发生的变化来解释人类走过的路程和人类走向真理或幸福所迈出的步伐。对人类的过去和现状进行的这种观察,将会使我们找出保证和加速人类的本性可望得到的新进展的方法。

这就是我写这部著作的目的。它的结论是用推理和事实说明人类能力的完善是无止境的,人类的可完善性实际上是无限的,今后任何强权要想阻止这个发展都是不可能的,只要我们居住的地球存在一天,人类的能力就要发展一天。毫无疑问,前进的步伐可能时快时慢,但是永远不会后退;至少可以说,只要地球在宇宙体系中的位置不变,只要宇宙体系的一般规律不在地球上产生巨大的混乱和发生使人类无法生存、无法施展才能、无法找到对策的变化,就不会后退。

我们所观察的人类的最初文明状态,是人数不多的群体以渔猎为生,只会制作粗糙的武器和某些生活用具,巢宿或穴居,但已有互通需求的语言,而且还有少数作为行为公认的标准的道德观念;他们组织家庭生活,遵循具有法律效力的惯例,甚至已经形成政府的雏形。

大家知道，由于生活资料的来源既不可靠又很困难，除了必不可少的休息之外就是极端的劳累，所以当时的人根本没有空闲去深入思考和用一系列新的观念去丰富自己的理智。满足需求的手段，也只能是偶然地或在个别季节中促进本来可以不断发展的实业的进步；每一个人只能完善自己的才干或机智。

因此，那时人类的进步必然是非常缓慢的，他们只能在罕见的困难环境中一步一步地前进。尽管如此，人类仍然从以渔猎或采集野果为生的状态，过渡到驯化、饲养和繁殖动物而得到丰富生活资料的状态。随后，又出现了粗放的农业。这时，人类不再满足于采集野果或植物，而学会用它们作粮食，选其良者加以种植或栽培，以耕作劳动对它们进行再生产。

在文明的初期，只有个人的猎获物、武器、渔网和生活用具是私有财产；后来，先是畜群变成了私有财产，接着，开垦和耕种的土地也成了私有财产。首领死亡之后，他的私有财产自然传给他的亲属。这样，某些人就占有了可以保存的剩余物。即使一个孤独的人，也会有各种新的要求；人们有了一样东西之后，就感觉到缺乏其他东西。这种需求产生了交换的理念：从此，道德关系就变得复杂而多样了。生活比较安定，空闲时间较为充裕可靠之后，人们就可以深刻思考问题，或至少可以连续观察问题了。惯例承认了某些人可用部分剩余物品雇用他人来替自己劳动。这样，在人群中就出现了不必专门从事体力劳动的阶级，这个阶级的欲望已经超出基本需求的范围。实业兴旺起来，艺术得到发展和进步；较为细心和精明的人偶然观察到的事实，导致了新艺术的出现；随着生活资料的逐渐充裕和有所保证，人口便增加起来；在同一块土地上可以养活更多人的农业，成了生活资料的主要来源。农业促进了人口的增长，人口的增长又反过来促进了农业的发展。在居住较为稳定、邻舍较为接近、关系较为密切的社会中，习得观念便迅速地传播开来和巩固地传给后代。科学的曙光已经开始出现；人类超出了其他动物之上，再也不像其他动物那样，仅仅局限于自己个体的发展了。

由于人们的相互关系不断扩大、增加和复杂化，人们就感到必须想出一种方法，以便把自己的思想转告给不在自己跟前的人，把事件比口传更准确地传述下去，把约定的事项比证人的记忆更牢靠地确定下来，把同一社会的全体成员在行动上必须遵循的习尚比较长期地固定下来。

因此，人们感到需要有文字，并发明了文字。最初的文字完全是不折不扣的绘画，随后才变成了用笔画表示物体形象的约定俗成的绘画。再往后，就像用语言中已经应用的拟声词那样，用实物图像来表示抽象的观念。这种符号的起源同单词的起源一样，必然很古很远，难于追溯。最后，写字就成了给每个观念、每个单词以至给观念和单词的每个变化赋予约定俗成的符号的艺术。

于是，出现了人人都要学习和相互都要得出同样理解的书面语言和口说语言。

一些天才人物发现，一种语言的所有单词都是由少数几个单音组成的，单音的数量虽然极其有限，但足以构成几乎是数量无限的单词。于是，他们发明出一套可供阅读的符号,但不是用它们表示相应的观念或单词,而是用它们表示组成单词的单音。他们是人类的永垂不朽的恩人,他们的名字和祖国将永远铭记在人们的心里。

于是,创造出拼音文字,用为数不多的几个符号什么都可以写出来了,正如用为数不多的几个单音什么都可以说出来一样。书面语言同口说语言一样容易,只需学会认识字母和拼读就可以了。最后迈出的这一步,保证了人类的进步永不停止。

在今天来说,能创造出一种为科学专用的书面语言,看来是很有好处的。这种语言所表达的单一观念及其组合,要使任何人都得出完全相同的理解。这种语言要能进行严密的逻辑推理和精确细致的智力活动,要使各国人都能理解。这种语言要能译出各国的语言,而又不致像通常的翻译那样容易曲解原意。

因此,必须经过一场不寻常的革命,使这样的书面语言成为哲学的有用工具,以便迅速地传播文明和改进科学方法。如果不发明这种语言,那就只能延续愚昧无知的状态。

历史上至今留有记录的一切民族,都曾处在现存的野蛮部落的开化阶段至现今的文明阶段之间的状态,其中有的向前发展了,有的倒退到愚昧无知的状态,有的时而发展时而倒退或停滞在某一状态,有的在征服者的铁蹄下从地球上消失了,有的被胜利者同化或沦为奴隶,还有的接受了开化民族的文化并把它传播给其他民族。所有这些民族,从历史时代开始到现代,形成了一条以已知的各原始民族和现代的欧洲各民族为环节的从未间断过的链条。

现在,可以考察我所作的历史概观的三个不同部分了。

在第一部分,我们用旅行家的记述来说明人类在未开化民族中所表现的状态。在这里,我们只能猜测孤立的人(或者更正确地说,只是为了繁殖才与他人联合的人)是通过哪些阶段,才得以达到以使用发音清晰的语言为下限的最初进步的。随着应用一些最广义的道德观念和建立初步的社会秩序,发音清晰的语言的使用所带来的最明显的同时也是独一无二的差别,终于使人类同也像自己那样长期过着有规律的群居生活的动物区分开来。因此在这里,除对理智和道德的能力进行理论考察之外,我们别无其他向导。

接着,在人类进入从事艺术活动,科学已经放出曙光,商业已把各民族联合起来,拼音文字终被发明出来的阶段,除了上述的第一个向导之外,我们还能以观察几乎所有中间阶段的不同社会的历史为向导,尽管我们还不能对把人类的这两大时代区分开来的一切方面都一一进行观察。

在这里,我们的概观开始主要依据史书记载的一系列事实,但必须从不同民族的历史中选择事实,然后进行比较和整理,写出一部假定的单一民族的历史,并概观这个民族的进步。

从希腊发明拼音文字时期起,历史才开始以一系列从未间断的事实和经历连贯到现代,连贯到人类在欧洲的各文明国家的现状;而对人类理性的进步和发展的概观,也才成为真正的历史概观。哲学再不必依靠推测,再不必编造各种假说,而只须汇集和整理事实,指出事实的连贯和协调所产生的有益真理了。

最后,是概观我们对未来的希望,即概观我们的后代应当完成的和恒定的自然规律将会保证实现的进步。这第三部分概观必须说明:今天在我们看来似乎是虚幻的希望,将要通过一些什么阶梯才会逐渐变成可能和甚至变成现实;尽管某些偏见可以得到暂时的胜利,受到一些政府或民族的吹捧,但为什么唯有真理必然得到持久的胜利;大自然是用什么纽带把文明的进步同自由的进步、美德的进步、对天赋人权的尊重的进步紧密地联系在一起的。这些进步是人类的唯一真正利益,它们好像是彼此分离的,甚至被认为是互不相容的;但在大多数民族的文明同时达到一定程度,其中一个伟大民族的语言为世界所通用,以及它的商业扩展到全球的时候,我们可以看到这些民族是如何变成不可分离的。一俟这种联合在整个有教养人的阶级中实现,这些人就只能推崇那些同心协力加速人类的进步和增进人类的幸福的人类之友了。

我们要叙述或多或少推迟或拖延理性进步的一般错误的由来,并概观它们的历史。这种错误作为政治事件出现时,往往使人类向愚昧无知倒退。

使我们陷入错误或坚持错误的智力活动,其中包括可以迷惑最有教养的人的巧妙的谬误推理和痴心妄想的梦呓,也同正确的推理方法或发现真理的方法一样,都属于我们的个体能力的发展的研究范围。基于同样的理由,一般错误在各民族中发生、传播、传代和永续下去的方式,也是人类理性进步历史概观的构成部分。同使人类理性进步和开化的真理一样,一般错误也是人类理性活动的必然结果,即是人类理性在其所认识的事物与其想要认识的事物和认为需要认识的事物之间经常存在差距的必然结果。

还可以看到，根据我们能力发展的一般规律，在我们进步的各个时代必然要产生一些偏见，而且它们的诱惑力或支配力很强，因为在掌握消灭错误所必需的全部真理以后，人们还会长期保留幼年时期的错误，以及他们所在的国家和所处的时代的错误。

最后，由于不同阶级的人们的教育程度不同和职业不同，所以任何一个国家和任何一个时代都有形形色色的偏见。如果说哲学家的偏见曾危害真理的继续前进，而没有教养的阶级的偏见则是推迟了已知真理的传播，某些负有重任或权势很大的职业的偏见则是阻挠了真理的发展。这些偏见是理性必须永远反对的三大敌人，而且总要经过长期艰苦的斗争，才能彻底战胜它们。因此，这个斗争的历史，即偏见的产生和兴亡的历史，将在本书中占有很大的篇幅，而且是本书的相当重要或相当有用的一部分。

如果有一门可以预见、指导和加速人类进步的科学，那它就应当以人类进步的历史为主要基础。毫无疑问，哲学必须摒弃那种认为只能从前代的历史中找出行为准则、从古代思想的研究中找到真理的迷信。但是，哲学不也应当把傲慢地拒绝经验教训的偏见一并摒弃吗？当然，只有深刻细致的思考，才能使我们获得人类科学的一般真理。然而，如果说观察人类的个体对于形而上学家、道德学家是有用的，那么为什么观察人类的社会就对他们没有用呢？就对政治哲学家没有用呢？如果说观察同时存在的不同社会,研究其间的关系是有用的,那么为什么逐个时代地进行这种观察和研究就没有用呢？即使在思辨真理的研究中可以忽略这种观察,但在实际应用思辨真理和从科学导出必然产生有益成果的艺术时,也应当不要这种观察吗？我们的偏见及其产生的恶果,不都是来自我们祖先的偏见吗？查明偏见的根源和后果,不就是使我们认识某些偏见和预防另些偏见的最可靠方法吗？

我们已经达到可以不犯新错误和不重犯旧错误,不使一切腐朽的制度再伪装德政而被愚昧或狂热地接受下去,不叫一切错误思想再给一个伟大的民族造成灾难的地步了吗？因此,研究各民族是如何上当受骗、腐化堕落或陷入贫困的,难道是徒劳无益的吗？

一切都在表明,一次新的人类大革命的时代即将来临。除了概观为这次大革命作好准备的历次革命以外,又有什么能向我们十分清楚地指出我们应当期待于这一大革命的东西呢？又有什么能在革命运动中给我们提供一个最可靠的向导呢？文明的现状向我们保证,这次大革命肯定是顺利的。然而,我们应当全力以赴,不也是一个先决条件吗？为了对大革命带来的幸福少付代价,为了使大革命更加迅速开展,为了使大革命的成果更为丰硕,难道我们不需要根据人类理性史去研究我们应当预防什么障碍和应当用什么方法去克服它们吗？

我想把我所研究的这段历史时期分成九大阶段。另外,我又不揣冒昧,预定出一个第十阶段,以描绘人类未来的命运。

我只叙述标志每个阶段的特点的主要东西。我只陈述主流,而不研究例外或细节。我要提到一些事件及其结局,并在书中阐述其发展和作出论证。

评述孔多塞的著作

任何著作家都受其所处政治环境的影响。比如,僧侣阶级曾阻挠洛克思想的自由传播;法国的平均主义者曾助长孔多塞夸大其关于自由的观念。

在孔多塞从事写作活动的时候,革命已经发展到一触即发之势。他成了革命党的领袖,他提出了法国必须建立共和政府的主张,他曾敦促各国人民采用排除王权和神权的社会组织。在他的党的勇士们用枪杆子捍卫共和政府的时候,他用笔杆子捍卫了这一主张。

孔多塞所处的一般环境和特别环境,都在使他头脑发热。环境使他无暇去冷静衡量事物,观察它们之间的联系,并根据他所确定的原则得出有条不紊的结论。他在写作期间,没有深入研究其要求人们采纳的最好主张,而只是竭力让人们实行他提出的主张。结果他的杰出创见——回顾人类理性的进程并在回顾的结尾准确地推测人类理性的未来发展,在实施当中仅限于抨击国王和僧侣阶级。

浏览一下历史,既会看到许多武功赫赫的征服者,又会看到许多独具创见的哲学家。前者如居鲁士①、亚历山大、恺撒②、穆罕默

---

① 居鲁士(Cyrus,约公元前 600 年—前 529 年),波斯国王,公元前 559 年—前 530 年在位,世称居鲁士大王。——译者

② 盖尤斯·尤利乌斯·恺撒(Gaius Julius Caesar,公元前 100 年—前 44 年),古罗马的著名统帅,著有《高卢战记》一书。——译者

德和查理大帝,后者如苏格拉底、柏拉图、亚里士多德、培根和笛卡尔。

假如孔多塞在回顾人类理性进程的时候注意到这个问题,他必然会得出如下的结论:第一,不管是从事政治活动,还是从事理论工作,要想做出惊人的成绩,都有困难;第二,在两方面取得成就所需的能力和才干是大不相同的,而且是互相排斥的。因此,他不得不退出政界,独居斗室,专心为他个人和人类的幸福运用他的天才。他绝不能用他的杰出创见去写迎合时尚的著作,以免降低创见的价值。他要用自己的创见去为有机体物理学的一般理论奠定基础。

我要在本书第二编的第一篇中更加深入地研究我一再谈到的孔多塞的这部著作。他的这部著作尽管在一切细节方面仍有缺点,但仍不失为人类理性的杰出作品。

最初由洛克进行、后来由普莱斯和普利斯特列二位博士发挥的观察,在孔多塞的手中变成了观察的工具。

我认为洛克是发现矿藏,普莱斯和普利斯特列是挖掘矿石,而孔多塞则是用炼出的金属铸造必要的工具,以进行新的开采和发现新的矿藏。

18世纪的第一流科学著作的第二部分

概　　述

人类在青年时代就已隐约地看到成年以后才找到论据的一切真理,而且在想象力丰富的这个时代,人类也概括地看到了尚待以后证明的一切真理。

有一位古人说过,人是一个小宇宙。我相信,学者们立即注意到了这一杰出的概括。这个概括,也是我要深刻思考的对象。

我对"人是一个小宇宙"这一概括的思考结果

我认为,在我所处的空间,存在着各式各样的量的关系和质的关系。

在我看来,人和宇宙是两个规模不同而性质相同的结构。我认为,人就像放在大钟里的并由大钟带动的一只小表。

对人和宇宙所作的这种比喻,可以提供一些说明许多重大科学问题的方法。[1] 现在,我就按这一比喻来对比考察 17 世纪和 18 世纪的人类理性发展。

在 17 世纪,一位指导学者们写作的卓越天才,研究了大宇宙和小宇宙。他从事天文学和生理学的研究。我们从他那里,即从笛卡尔那里,得到了关于涡流体系和人的论述。

---

[1] 人们对于我们的智力怎样了解自己与外界事物的相互关系的活动,还没有提出任何令人满意的解释。不少作者把这种活动比作反光镜,而康德则把它比作透镜。这不仅没有使问题变得简单,反而使它复杂化了。我敦请 19 世纪的学者们接受我论述 18 世纪科学著作时所作的推断。我预先向他们声明,我预告的四部著作所述的体系,大部分是建立在这种推断之上的。人是一个小宇宙。

作为对这一概括的发挥,我说:人的机制和宇宙的机制,除开下面的差别以外,是完全相同的:

宇宙是以永恒的运动为动力的机构,而人则是在有限的时间内由派生的运动推动的机构。

人是按尽可能小的规模构成的机构,而宇宙的规模则是无限大的。

人能了解外界的量和质与他的关系,是因为他自身拥有分化和泛化量和质的能力;用物理学的术语来说,就是因为一切现象在他身上是以小规模的形式存在的。我所说的一切现象,是把看得见的和看不见的都包括在内。

人的个别官能感觉不到的现象和只能属于共同感受(sensorium commune)的现象,是被诗人们称为想象产品或被哲学家们称为形而上学成果的一些现象。

前面已经说过,在18世纪,学者们分成了两大派别:以牛顿为首的一派专门研究大宇宙,而洛克派只研究小宇宙。

卓越的天才人物的特点,是上升到最高级的一般,而对次要的科学,只是顺便研究一下而已。

化学只能作为无机体物理学的次要研究领域。化学家只是观察大宇宙的次要链轮。牛顿根本没有注意这门科学。

植物学的内容也只是有机体物理学的次要研究领域,洛克就很少注意这门科学。

因此,我决定把化学和植物学放在第一流科学著作的第二部分。

化　　学

化学在18世纪有了长足的进步。

布莱克[1]、卡文迪什[2]和普利斯特列,分解了空气和水。孟日、贝尔托莱[3]、拉瓦锡[4]、富尔克罗瓦[5]和纪顿[6],改进了这几个英国人的发明。

---

[1] 约瑟夫·布莱克(Joseph Black,1728—1799年),英国著名化学家和物理学家。——译者

[2] 亨利·卡文迪什(Henry Cavendish,1731—1810年),英国物理学家和化学家。——译者

[3] 克劳德·路易·贝托莱(Claude Louis Berthollet,1748—1822年),法国著名化学家。——译者

[4] 安托万·洛朗·拉瓦锡(Antoine-Laurent Lavoisier,1743—1794年),法国杰出的化学家,他推翻了关于燃素存在的假说。——译者

[5] 安托万·弗朗斯瓦·富尔克罗瓦(Antoine François Fourcroy,1755—1809年),法国著名的化学家,他支持拉瓦锡的燃烧理论。——译者

[6] 路易·贝尔纳·纪顿(Louis Bernard Guiton,1737—1816年),法国化学家。——译者

拉瓦锡把化学方面的新发现系统地写成一部著作,下面就是该书的绪论。

拉瓦锡著作的绪论

本书的原来目的,只是想对我 1787 年 4 月在科学院公开会议上宣读的关于必须改进和完善化学术语的报告,进一步加以发挥。

在我写作本书的过程中,我才切实感到:在这以前,我还没有把孔狄亚克修道院长在其逻辑学和其他著作中提出的原则完全搞明白。孔狄亚克证实:我们只能借助词来思考;语言是真正的分析手段;最易理解、最为准确和最适合于以任何方式表达事物的代数学,既是一种语言,又是一种分析手段;最后,推理的艺术归根结底也不外是一种完美的语言。诚然,我是认为自己只在研究术语的命名,只以改进化学术语为目的,但我情不自禁地不知不觉把本书写成了一部化学入门。

术语不能离开科学,科学也不能没有术语,因为任何物理科学都必须由三种东西构成,即要有构成该科学的一系列事实、反映事实的观念和表达观念的词。词必须表示观念,观念必须反映事实,这是一个印章的三个印迹。由于词是保存和传递观念的,所以就不可能改革语言而不改进科学,也不能改进科学而不改革语言;而且不管事实多么肯定,不管反映事实的观念多么正确,只要没有用准确的词来表达,其所传递的印迹就不会真实。

这部化学入门的第一部分,拟对希望深入研究本书的人,提供这些真理的常见证据。然而，由于我不得不采用与迄今为止的一切化学著作根本不同的顺序写作，所以我就必须说明我决定这样做的动机。

我们进行学习，只能是从已知到未知。这是一个始终不变的原则，也是数学和任何其他学科所公认的一般原则。在幼年初期，我们的观念都来自我们的需求；对需求的感觉，使我们产生关于能够满足需求的那种物品的观念；通过一系列的感觉、观察和分析，不知不觉地相继形成相互联系的各种观念；而且一个细心的观察者，还可以在一定程度上看出这一切观念的来龙去脉。这一切观念，就构成了我们的知识总体。

当我们开始研究一门科学时，我们对这门科学的认识几乎和儿童一样，而我们所经过的道路，也恰似儿童出生以后为获得观念所走过的道路一样。正如在儿童身上观念是感觉的结果，即感觉产生观念一样，对于开始研究物理科学的人来说，观念也只能是经验和观察的直接结果。

让我不揣冒昧补充一点，即开始科学生涯的人的境遇，还不如儿童获得最初观念那么顺利，因为儿童对周围事物的利弊即使弄错，天性自会向他提供多种多样的办法来自行改正，而且经验也在每时每刻帮助他纠正所作的判断。贫困和痛苦来自错误的判断，幸福和欢乐来自正确的判断。有了后者这样的老师，人们就可立即变得行动合理和作出正确判断，否则就要遭受贫困和痛苦。

在科学的研究和应用当中，情况并非如此。我们所作的错误判断，既不影响我们的生存，又不影响我们的福利；没有任何物质利益在促使我们改正自己的错误,而不断促使我们背离现实的幻想,以及容易使我们激动的自尊心和自信心,却在使我们作出违反事实的结论,从而在一定程度内自己欺骗自己。因此,难怪在一般物理科学中,人们往往以猜想代替论证,使猜想一代一代地流传下去,而在猜想具有了权威性质和被人们接受以后,它便日益强大起来,最后,连最杰出的天才也把它看作基本真理了。

预防这种偏向的唯一方法是:尽可能取消或至少减少我们自己所作的那些只能使我们迷惑的推理,坚持不断地以经验来检验推理,只保存那些合乎事理而不致使我们上当受骗的事实,只在经验和观察的自然联系中寻求真理,像数学家简单地处理数据而求解那样,把推理归结为简单的运算和简短的判断,使推理自始至终明确无误。

我对这些真理确信无疑,所以给自己定下一条规则:始终要从已知求未知,一切结论都要直接来自经验和观察,按最便于初学者理解的顺序把事实和化学真理联系起来。为了能按这样的计划进行叙述,我不能不一反常规,采取新的办法。事实上,所有的化学教科书和化学论著都有一个通病,即一开始就假定学生或读者只能在后面的章节中学到知识。几乎所有的作者都是从讲解物体的成分和亲力开始,而没有想到从第一天起就应当陈述化学的主要现象,就应当使用没有下过定义的术语,就应当假定学习的人通过以往的教育已经理解这门科学。大家知道,在化学的第一课上学不到什么东西,学习一年也只能开始听懂语言和认识仪器,没有三四年的时间就培养不出一个化学家来。

　　这些缺点并非来自事物的本性,而是来自教育的方式。因此,我决定让化学课程有一个我认为较为符合事物的本性的进度顺序。我绝不否认,在竭力避开一种困难时,又会陷入另一种困难,而且也不可能克服所有的困难;但我认为,有待克服的困难并不来自我所规定的顺序,而是化学至今还处于不完善状态所使然。这门科学还有许多空白使事实的系列中断,要想把这个系列连贯起来,还是相当棘手和困难的。化学还没有像初等几何学那样具有有利的条件,使自己成为一门把各部分紧密连接起来的完整科学。但在目前,化学发展得很快,可用新的学说把化学研究的事实讲解清楚,所以我们可以希望,甚至在不久的将来,就能大大接近其可能达到的完善地步。

　　不能作不通过经验证实的结论,不能用空话代替事实,这是一条我绝不能违背的严格守则,它不允许我把有朝一日很可能成为真正科学的那部分化学,即论述化学亲力或亲势的那一部分化学写在本书当中。若弗卢瓦、格累尔特、贝格曼、舍勒、莫尔沃、柯万①等很多人,虽然已经收集了大量只待整

---

① 埃蒂耶纳·若弗卢瓦(Étienne Geoffroy,1772—1844年),法国大动物学家,进化论者,制作过化学亲合力表;

克里斯提布·埃烈哥特·格累尔特(Christieb Ehregott Gellert,1713—1795年),德国的化学家、矿物学家和冶金学家;

托尔培恩·奥洛夫·贝格曼(Torbern Olof Bergman,1735—1784年),瑞典化学家和物理学家;

卡尔·舍勒(Karl William Scheel,1742—1786年),瑞典化学家和药剂师;

吉顿·德·莫尔沃(Guyton de Morveau,1737—1816年),法国化学家,拉瓦锡的合作者;

理查德·柯万(Richard Kirwan,1733—1812年),英国化学家。——译者

理的个别事实,但还缺乏重要的数据,或至少是现有的数据不够精确和肯定,不能成为一个十分重要的化学部分的基础。况且,亲力的科学与普通化学的关系正像超高等几何学与初等几何学的关系一样,所以我认为不必费这么大的周折,使绝大多数读者能够简易理解的东西复杂化。

我的自尊心可能不知不觉地加重了我的这些想法的分量。莫尔沃先生正要发表一篇百科全书性的论述亲力的文章,我很有理由担心我在研究工作中同他针锋相对。

人们一定感到奇怪,在一部化学入门里竟找不到一章是论述物体的构成和成分的;不过我要在这里指出,认为自然界的所有物体都是由三四个元素构成的思想倾向,来源于希腊哲学家的偏见。主张已知的一切物体都是由四个元素按不同的比例合成的论断,是在实验物理学和化学的基本观念出现以前,很早就存在的一种纯属臆测的假定。那时,人们还没有掌握事实,但却凭空建立起体系;今天,我们虽已收集了许多事实,但只要事实不符合我们已有的偏见,我们似乎就要竭力不顾事实,而迁就于偏见。诚然,只要人类的这些哲学之父的权威压力存在一天,情况就将这样存在下去,而且这种权威毫无疑问还要压在我们后代的身上。

特别值得注意的是,在讲授四个元素学说的同时,没有一个化学家不在事实面前被迫增加元素的数目。文字改革以后从事写作的第一批化学家认为硫和盐是合成一大批物体的元素物质,所以他们确认元素有六个,而不是四个。贝歇尔[1]认

---

[1] 约翰·约阿希姆·贝歇尔(Johann Joachim Becher,1635—1682年),德国化学家。——译者

为有三种土;在他看来,金属物质之间存在的差异,是由合成它们的各种土的比例不同而引起的。施塔尔[①]修改了这个体系。他以后的所有化学家,都敢于进行修改,甚至还想出其他体系。然而,所有的这些化学家都深受他们的时代精神的影响,即只知论断而不作证明,而且论断正确的概率往往极小。

在我看来,人们对元素的数目和性质所能谈出的种种,都属于纯形而上学的议论,都是人们打算解答而又未能明确解答的问题。它们可能有无数答案,但实际上,恐怕连一个符合实际的答案也没有。因此,我只好说:如果我们用元素这个名词来表示合成物体的单一和不可分割的分子,那么很有可能我们还没有认识这些分子;如果说不是这样,而用元素或物体成分这个名词来表示无法再分的东西的观念,那么凡是我们现在无法分开的物质都是元素。这并不是说,我们可以肯定我们认为是单一物质的物体不会是由两个或更多的成分合成的;而是要说,由于这些成分总也分不开,或者更正确地说,由于我们无法把它们分开,所以我们就认为它们是单一的物体,而且在经验和观察提供证明以前,我们也无须假定它们是复合物体。

对观念的发展进行这种考察时,必然牵涉到如何选择表达观念的词。1787年,莫尔沃、贝尔托莱、富尔克罗瓦和我合编了一部关于化学术语命名的著作。我根据这部著作,曾尽

[①] 格奥尔格·恩斯特·施塔尔(George Ernst Stahl,1659—1734年),德国化学家,燃素说的提出者。——译者

量用单一的词来表达单一的物质,而我首先要命名的也正是这些物质。大家可以回想一下,对所有的单一物质,我们都力求保留社会上已有的名称,仅在下列两种情况下才作了更动:第一种情况是,在新发现的物质没有命名,或者是命名不久而新名称还没有得到普遍采用的时候;第二种情况是,在古人或今人所采用的名称能引起显然错误的观念,即会使性质不同甚至相反的物质相互混淆的时候。在这两种情况下,我们就决然另定名称,而且主要是借用希腊语来命名,以使名称可以表达物质的最一般性质和最显著特征。我们发现,这样做有利于减轻初学者死记十分空洞的新词的负担,帮助他们及早养成不接受任何不代表一定观念的新词的习惯。

对于由若干单一物质组成的物体,我们用这些单一物质的名称组成复合名称来表达。但是,二元化合物的数目已经很多,如不分门别类,势必混乱不清。根据观念的自然顺序,我们用类和族的名称表达数量多的个体的共同性质,用种的名称表达数量少的个体的特性。

可以想见,只靠形而上学是作不出这种区别的,这要根据物质的性质来进行。孔狄亚克修道院院长说过,一个儿童是用"树"这个词来称呼我们指给他看的第一棵树的。以后他看到第二棵树,就产生同样的观念,用同一个词来称呼它;对于第三棵树、第四棵树,也都是一样。这样一来,开始只就一个个体教给他的"树"这个单词,以后就被他变成了类或族的名称,即通常变成了包括所有的树的抽象观念。但是,当我们告诉他所有的树并不都有同样的用途,并不都结同样的果实以后,他很快就学会了用单独的名称来区别这些树。这种逻辑对任何一门科学都一样,自然也适用于化学。

举例来说,酸是由两种我们认为是单一物质的物质合成的,其中构成酸性的一种物质是所有的酸都共有的,我们就用这个物质的名称来作类或族的名称;而每一种酸所独有的另一种物质,则把各种酸互相区别开来,所以我们就应当用这种物质的名称来作种的名称。

然而,就绝大多数的酸而言,它们的两个构成成分——致酸成分和酸化成分,可随双方全都达到平衡点或饱和点时的不同比例而有不同状态。这是人们在硫酸中观察到的现象。我们用变换种的名称的词尾的办法,来表示同一种酸的这两种状态。

金属物质在空气或火的作用下,会失去金属的光泽,分量加重,呈现土灰色。这种状态下的金属物质,同酸一样,也是由一种共同成分和一种个别成分合成的。我们也要用共同成分的族名把它们归类,我们采用了"氧化物"这个名称;然后,再用各金属的个别名称,把各种氧化物相互区别开来。

作为酸和金属氧化物特有的个别成分的可燃物质,也可以变成许多物质的共同成分。长期以来,人们只知道硫化物属于这种物质。根据范德蒙德[①]、孟日和贝尔托莱等人的实验,现在我们知道:碳能同铁化合,也能同其他许多金属化合,而根据化合的不同比例则可产生出钢、石墨等等。根指佩尔

---

① 亚历克西斯·泰奥菲尔·范德蒙德(Alexis Théophile Vandermonde,1735—1796年),法国数学家,曾同孟日和贝尔托莱一起研究过钢和铸铁的关系。——译者

蒂埃①的实验,我们也知道磷能同许多金属物质化合。我们也用共同成分的族名来概括这些不同的化合物,用族名的词尾来表示它们之间的类似,再用个别成分的名称来区分这些化合物的种。

由三种单一物质合成的物质的命名问题,稍有困难,因为数目过多,尤其是因为不用很长的复合名称就表示不出构成成分的性质。在这类物体中,我们研究了中性盐,例如研究了:

一、共同的致酸成分;

二、每种酸的酸化成分;

三、决定盐的种别的土质盐基或金属盐基。

我们用每类内的所有个体共同的酸化成分的名称来命名该类盐;然后,再用个别的土质盐基或金属盐基的名称来区分种别。

虽然一种盐是由同样的三种成分化合成的,但是由于成分的比例不同,仍然可以呈现非常不同的状态。如果所用的名称表示不出这些不同的状态,我们的命名法就有缺陷。因此,我们首先要变换词尾,使不同盐的同一状态具有同样的词尾。

最后,我们达到了只看名称就一目了然的地步。比如,一种可燃物在化合物中是同致酸成分化合的,则立即可以知道这种可燃物质是什么;又如化合物完全饱和,或呈现酸过剩,或呈现碱过剩,则立即可以知道是以什么比例饱和的,酸是处于什么状态,它是同什么碱化合的。

---

① 比埃尔·约瑟夫·佩尔蒂埃(Pierre Joseph Pelletier,1788—1842 年),法国化学家,曾发现过许多生物碱。——译者

有人认为,如果不违反一点惯例,不采用暂时还有点生硬和不规范的名称,就不可能顾全上述的各个方面。然而我们发现,听觉很快就会习惯于这些新名词,尤其是当新名词与一个既一般而又合理的体系联系在一起的时候,情形更是如此。再说,以前我们用过的一些名称,比如:氯化氧锑粉(poudre d'Algaroth)、蒸馏盐、汗疱疹(pompholix)、溃蚀性水、矿物性泻根剂、氧化铁红等许多名称,同样生硬离奇。为了记住这些名称所代表的物质,特别是为了确定它们属于哪一族化合物,需要很强的记忆力和多次反复的背诵。弱酒石油、矾油、砷锑乳、锌花等名词也都是不恰当的,因为它们会造成错误的观念,因为严格说来,在矿物界中,尤其是在金属界中,根本没有什么油、乳、花之类的东西,最后还因为这些名词所表示的物质都是烈性毒物。

在我们发表化学术语的简报时,有人指责我们改变了前辈们在讲述、阐明和传授化学时所用的语言;但是人们忘记了,正是贝格曼和麦奎尔[1]他们提出改革意见的。瑞典乌普萨拉大学学识渊博的教授贝格曼先生晚年时给莫尔沃写信说:"不要赞同任何不确切的术语,已经懂得这一点的人将会一直理解下去,还没有懂得这一点的人很快就会理解。"

人们指责我的最主要原因,可能是因为我在本书里没有历述前人的意见,只是提出我个人的主张,而没有研究他人的

---

[1] 比埃尔·约瑟夫·麦奎尔(Pierre Joseph Macquer,1718—1784年),法国化学家,著有一部六卷本的《化学词典》。——译者

见解。因此,我总也没有对我的国内同行,更没有对国外的化学家,作出我想作出的正确评价。但是我请读者注意,在一部叙述基础知识的著作中,如果引文过多,或用很大篇幅去叙述科学的发展史和有关的著作,就会湮没所要讨论的真正对象,使初学者读起来感到厌倦。在一本入门书中,既没有必要叙述科学的发展史,又没有必要叙述人类理性的发展史;它只应当清晰简明,抛弃一切可以分散精力的叙述。这是一条必须经常平整的道路,不能让路面上留下可以阻止前进的任何障碍物。科学本身就已使人相当吃力了,何必再增添毫不相干的东西。化学家们也不难看出,我在本书的第一部分,差不多完全是使用我自己的实验。如果说有时我也可能随意借用贝尔托莱、富尔克罗瓦、拉普拉斯、孟日和其他一些一般与我采用同样原则的人的实验或见解,而没有指出他们的名字,这是由于我们经常来往,相互交换观点、观察结果和看法,使我们有了共同的见解,以致往往难于辨别哪一个见解是属于哪一个人的。

上面我根据验证和构思的发展所必需遵循的顺序陈述的一切,只适用于本书的第一部分,而且只是这一部分收集了我所采纳的一切学说,具备了我力求采取的真正入门的形式。

第二部分主要由几份中性盐术语分类表构成。我只加了一些简短的注释,以说明制取各种已知酸的最简易方法。这第二部分没有我自己的东西,几乎都是从其他著作的精华中摘来的简明提要。

最后,在第三部分,我详述了现代化学的全部操作。人们似乎早已渴望有这样一部著作,我也相信拙著会有些用处。总的说来,实验的实践,特别是现代实验的实践,还推广得不够。假如我过去在法国科学院所作的各种学术报告能更多地论述实验操作的细节,则我所讲的东西可能更易于被人理解,科学的进步也可能更快一些。我认为,在这第三部分,材料的安排可以随便一些,所以我只努力把最类似的操作分别归类,每类作为一章,共计八章。不难看出,这第三部分没有摘引其他任何著作,而且主要的章节也只使用了我自己的实验。

在结束绪论之前,我要抄录孔狄亚克修道院长先生的几段话。我认为,他极其正确地描绘了不久以前的化学状况。这几段话虽然不是专对化学说的,但只要我们理解得正确,就会从中汲取力量。

对于我们想要认识的事物,我们不是先去观察它,而是先去猜想它。我们从错误的假定到错误的假定,一直在错误的乱丛中徘徊。这些错误变成偏见以后,我们又把错误当成了原则,于是我们在错误中越陷越深。这时,我们就只能根据沾染的坏习惯进行推理。滥用没有很好理解的单词的艺术,竟变成了我们的推理的艺术……当事情弄到这种地步,错误如此成堆的时候,要想使思考的能力有条不紊,唯一的办法就是把过去学到的一切全部丢掉,从头开始修正我们的观念;正如培根所说,要一代接着一代地改造人类的悟性。

一个人越认为自己有学问,越难于采用这个办法。因此,把科学讲述得很清楚、很准确、很有条理的著作,并不是所有的人都能理解的;而没有什么学问的人,倒比很有学问的人,尤其比写过很多科学著作的人，更能理解它。

孔狄亚克修道院长先生在其著作的第五章结尾补充说："科学终于发展了，因为哲学家们很好地进行了观察，而且也把在观察中所要求的精确性和严密性应用到语言上去。他们校正了语言，更好地进行了推理。"

评述拉瓦锡著作的绪论

在我看来，被学者们奉为典范的这篇绪论，最多也不过是一部折中主义的作品。拉瓦锡的思想与牛顿的思想的关系，正如马勒伯朗士①的思想与笛卡尔的思想的关系一样。拉瓦锡过多地应用了分析法，马勒伯朗士在《真理的探索》一书中采用的方法超出了我们智力的综合能力。

我在评述十九世纪哲学著作的一节中论及贝尔托莱的化学静力学时，将详述我对这篇绪论的看法。到那时，我将竭力开辟一条道路，把引力的观念和亲力的观念连接起来。我预先声明，拙著和贝尔托莱著作的唯一区别是：他从亲力上升到引力，而我则从引力下降到亲力。

植 物 学

在林耐②以前，植物学几乎就是研究植物名称的学问。从某

---

① 尼古拉·马勒伯朗士（Nicolas Malebranche，1638—1715 年），法国唯心主义哲学家，形而上学者。——译者

② 卡尔·林耐（Carl Linné，1707—1778 年），瑞典杰出的自然科学家，动物和植物分类法的创立人。——译者

种意义上来说,林耐是这门科学的创立者。孔多塞对林耐的著作作了如下的分析:

> 林耐先生对植物和动物进行了一系列的观察比较,发表了长篇论述。
>
> 植物同动物一样,有生,有长,有死;植物同动物一样,也吸收营养、生长和衰亡;它们也同动物一样,有运动的内因。林耐还观察到:花草也有运动时间和休息时间,即有睡有醒,而且在温度昼夜保持不变的暖房中,花草也在交替地运动和休息,可见这种现象同温度高低无关,它取决于有没有光照;最后,某些花草的叶子和绝大多数花草的雄蕊花粉,都有应激性的表现。敏感性和由此产生的自发运动,似乎是区别动物生命与植物生命的唯一依据。
>
> 人们还观察到,动物的卵子和植物的种子,在胚的发育方面有明显的相同之处。最后,在植物界和动物界,都有从个体分出一部分以进行繁殖和传代的再生方式,而且最高级植物和最低级动物在这方面存在着一种类似。因此,如果观察一下从四足动物到水螅虫的一系列动物,就会发现个体的构造越简单,自发运动和敏感性越微弱,则吸收营养的器官便越多;同时,生命的根源也不再仅仅属于个体,而是在个体的许多部分都有完整的生命根源,动物也逐渐接近植物,直至其间只有细微的差异。

林耐先生把他研究植物学的成果总结在题名为《植物学哲学》

一书之中,下面是该书的导论。

林耐《植物学哲学》导论

一、大地给我们提供的一切,叫作元素和自然物。①

二、自然物分为三类:矿物、植物和动物。②

三、石头在生长,植物在生长和生活,动物在生长、生活和感觉。③

四、植物学是提供植物知识的自然科学。④

---

① 《自然系统》,对三界的观察6,§6、7。
"元素是单一的,自然物是奇异奥妙的复合体。"
"物理学论述元素的特性。"
"自然科学研究自然物的特性。"
② "《自然系统》,观察6,第211页,§14、8、9:知的必要性。"
"《动物志》,序言第4节:第一个人的活动。"
"《斯德哥尔摩学报》,1740年,第411页:习惯。"
③ "《自然系统》,观察6,第221页,§13:知的必要性。"
"《自然系统》,第219页。2:石头怎样生长。"
"《有性生殖植物》,§1.14:植物怎样生活。"
"《荣克·伊萨格文集》,I;植物是没有感觉的生物,固定在一个可以吸取营养、生长和繁殖的地方或场所。"
"布尔哈非,《组织学》,3:植物是有机物体,其某些部分附着在其他物体上,以吸取营养而使自己繁殖和生长。
"路德维希,《植物》,3:在自然物中,形状不变而有移动能力的叫动物,形状不变而不能移动的叫植物,形状可变化而不能移动的叫矿物。"
"评述:从化石和结晶物上看,似乎完全是同一个品种:藤壶能够移动,而低等水螅(Lernea)只能算作含羞草属。"
④ "布尔哈非,《组织学》,16:植物学是自然科学的一部分,它能使人顺利和容易地获得植物知识,并记住所得的知识。
"路德维希,《植物》,1:植物学是研究植物的科学,或者说是关于植物的知识和通过植物产生的知识。"

V.132：我们认为，从物的起源来看，任何生物都有两种性别。①

---

① "我关于扩大可居土地的论文(《乌普萨拉和卢德维加的可居地》,1745年)说明了这一论断。

"水在年年后退,使陆地逐渐扩大。

"不同的植物标志着陆地的垂直高度。

"植物种子的繁殖能力往往是惊人的。一个夏季,一株玉米可结实2 000粒,旋覆花——3 000粒,向日葵——4 000粒,罂粟——32 000粒,烟草——40 320粒。

"还有多年生植株、根蘖和芽。

"有多少芽年就有多少枝条。因此,一株直径只有一巴掌宽的小树,往往就有10 000个芽或枝条。

"植物种子的传播力也是惊人的。

"种子的传播媒介有:人和动物的活动,风力,尤其是春秋的大风。

"飞蓬(《克利夫顿公园》,第407页)从美洲传播到全欧。

"果实结在枝条的高处。

"因此,植物有攀缘能力,便于在高处结实。

"蒴果都是在高处破裂。

"种子利用各种方式飞播:

"利用羽状冠毛飞播的,有菊科植物和缬草；

"利用绒状冠毛飞播的,有菊科植物、五星国徽属和草棉。

"利用萼飞播的,有菊科植物、山萝卜属、匙叶草、荞麦藤属、三叶草属。

"利用梗柄飞播的,有白头翁、杨树、香蒲、青篱竹属、甘蔗属。

"利用种子翼瓣飞播的,有冷杉、鹅掌楸、桦、鸡蛋花、紫薇、锥果木、莳萝、紫花南芥、小果虫实、唐松草。

"利用果皮飞播的,有槭属、梣属、菘蓝、秋海棠、采木属、榆、榆橘、薯蓣属。

"利用萼传播的,有葎草、酸模。

"由于体积增大而重量相对减轻。

"依靠萼的肿胀而传播的,有酸浆属、狗筋蔓、三叶草属。

"依靠果皮肿胀而传播的,有膀胱豆、兰堇、省沽油属、倒地铃、鹰嘴豆。

"弹性蒴果能将种子弹向远处:

"由韧壳弹出的,有三分果(《自然秩序》,47页)、凤仙花、酢浆草、香叶木、白鲜属。

"由枝梢弹出的,有爵床属、芦莉草、假杜鹃、山蘮豆。

"由纤维片弹出的,有苦瓜、甜瓜、碎米荠。

"因脱落而弹出的,有燕麦属、老鹳草、豨莶属、木贼草、蕨。

"被人和动物挂在身上而传播的植物：

"借助萼而挂上的,有牛蒡草、龙牙草、瑞克希阿、车叶草、酸模、荨麻、墙草、白花丹、

133.植物虽然没有感觉,但能像动物一样活着。因此,才有植物的萌发、营养、年龄、运动、吸力、疾病、死亡、解剖和组织等。这一切都证明植物是有生命的。①

林奈花、豨莶属。
"借助果皮而挂上的,有珠藓属、母鸡草、水麦冬、角胡麻、甘草属、露珠草。
"借助种子上的刺而挂上的,有倒提壶、勿忘草、马鞭草、胡萝蒂、变豆菜、鬼针草。
"动物吞食整个种子,随排便而散播的,有槲寄生、燕麦、桧属。
"浆果生来就利用果肉散播。
"松鼠、猫头鹰、家鼠在觅食过程中传播种子。
"虫类、刺猬、鼹鼠挖掘土地时,给种子落地生长准备好了土壤。
"河流、海洋、湖泊、雨水、气温,也有助于同样的目的。
"海滨叶子草的生长是一个奇妙惊人的例子。
"山扁豆、含羞草和甜瓜,有自我保存种子的特性。
"种子在海底也不腐烂。
"由于种子与其他物品相似而免遭动物吞食,比如海蓬子和苜蓿属。
"能把种子掩藏起来的植物,有花生、三叶草、山蔾豆。
"有些植物有芒刺、针叶和茎梗,从而可免遭动物损坏。
"油脂植物用叶子繁殖。
"尤其是树木,在大自然的美妙安排下,像一座封闭的花园。
"种子的子房和胚是精华,可使繁殖代代不断。"
① "萌发:依靠种子或芽。
"营养:从松软的土壤中吸取,如 Kylbel 属;从水和空气中吸取,如银钟花属。
"年龄:树木中的常春藤属,有幼年期(分第一和第二阶段)、苗壮期、成年期和衰老期。
"运动:半头状花和其他一些花,能指示白昼的时刻。
"金盏花可预报早晨降雨。
"荨芳属、椭圆齿状叶银胶菊和七瓣莲,在夜间弯垂。
"凤仙花和穗槐属在夜间褪色。
"豨莶属和三叶草属在夜间反光。
"含羞草、蝶形花科植物在夜间闭合。
"罗望子属在夜间收缩。
"植物的叶子在白天展开,说明它们醒了。

134.一切有生命的物体都出自一个卵,所以植物也不例外。植物种子的作用在于繁殖同一植物的个体,这就表明种子也是卵。①

135.理智和经验经常告诉我们,植物产生于卵;子叶就是明证。②

136.动物的绒毛叶来自蛋黄,蛋黄产生生命;同样,植物的具子叶里也有胚。③

"淡黄木犀草和半头状花,向着太阳转动。
"松树和其他一些树木所以不能运动,是因为阴暗稠密。
"吸力:植物是不接受外力帮助而循环的。
"疾病:发烧、打蔫、受冻、干萎、肥大、溃疡、虫害。
"死亡:生命终止。
"解剖:导管、胞果、螺旋状导管、皮、表皮等。
"组织:分泌导管、腺。"
① "哈维写道:'一切有生命的物体都出自一个卵。'
"卵的最终结局和本质,就是表示生命的开始。
"鲍巴尔第一个发现了蕨的种子,我本人发现了苔藓植物(地衣)的种子,列奥弥尔发现了墨角藻的种子,米歇尔发现了真菌的种子。其他较高等植物,更应当有种子。
"观察含苞和开化,可知种子和芽是为植物传代的。"
② "任何一个明白事理的人,都不能否认所有的植物都有种子。
"真蛸照样有卵。
"所有的根菜都在某种程度上都具有真蛸的性质,从芽、植株和根蘖上可以看到这一点。
"任何初生的嫩小植物都有子叶,这就证明它有种子。
"长期以来,人们通过经验得知,'繁殖'一语不够明确,似有寓言的性质;而在有了'子叶'这个术语之后,人们就不用它了。"
③ "植物的子叶和具子叶是同义语。
"子叶里的乳汁滋养胚芽,而胚芽并没有根,它与动物的胎盘或'绒毛叶'起着同样的作用。
"苔藓及其近属植物只是没有子叶。
"《论苔藓植物的种子》。"

137.后代不是只从卵子或只从精子生出来的,而是由两者一起生出来的。通过杂交动物,通过推理,通过解剖,都能证明这一点。①

138.说未受精的卵能发育,经验证明这是荒谬的;植物的卵也是如此。

139.任何种属的植物都有花有果,尽管我们看不到它们。②

140.任何花都有药室和柱头。③

141.正如先怀孕而后分娩一样,植物也总是先开花而后结果。④

142.植物的生殖部位就是籽实各部分的着生位置,因此开花就是怀孕,籽实成熟就是分娩。

143.药室是植物的雄性生殖部位,花粉是真正的精液;花粉精汁、提前成熟、位置、时间、药室、去雄和花粉结构,都能

---

① "勒文霍克氏精虫并不存在,而是一些本身不能生存的微小物体,但可以繁殖。
"不同种动物的杂交。例如,骡子是由马和驴杂交而生的,它既不同于马,也不同于驴。
"解剖:观察胎盘和脐带。
"推理,分析遗传缺陷、狗、母鸡。"
② "我们发现了苔藓的种子。
"瓦利斯纳绘出浮萍属的花。
"列奥弥尔看到海藻类的花。
"贝·茹协精细地研究过美洲线叶萍的花。
"米歇尔描述过真菌的雄蕊。"
③ "我们在斯堪的纳维亚半岛旅游中看到过水韭的药室。
"后来得知梅花草的柱头不在花中,但其胚芽却微微展开。
"或许只有苔藓没有雌蕊,因为苔藓的胚是裸露在外面的。"
④ "秋水仙和金缕梅都在秋季开花,第二年结果。
"芭蕉属的果实也不是结在开花之前,虽然它的胚芽长得很大,但没有受粉;它停止生长,是为了育孕,并非为了成熟。
"因此,还是开花在前,而结果总是在后。"

证明这一点。①

144. 处处紧跟胚的柱头,就是雌性生殖部位;精汁、提前成熟、位置、时间、脱落和切除,都能证明这一点。②

145. 植物的育孕过程是药室的花粉脱落在裸露的柱头上,药室裂开喷射出去的细小粉粒被柱头的湿液吸附;对结合、对应、位置、时间、雨水、棕榈科植物、下倾花、水下花和聚药花进行的观察,甚至对各种花所作的自然观察,都能证实这一点。③

---

① "位置:二强雄蕊花的雄蕊上升到花冠的上唇瓣下面,而其雌蕊则弯向雄蕊。
"绝大多数雌雄同株植物的雄花都长在雌花的上面,如玉米和蓖麻。
"时间:在雌雄同株和雌雄异株植物的药室形成的时候,雌蕊的柱头也同时形成。
"去雄:芭蕉属的雄花如果晚于雌花开放,则所结的果实就不能生育,没有籽粒。
"如果把甜瓜的雄花全都掐掉,就结不了瓜。
"药室:正如囊果皮一样,药室也有单室的、双室的、三室的和四室的。见 101 节。
"花粉结构:同种子一样,花粉的结构有其特点和有一定用途。见 101 节。
"一切花粉都是囊状的小粒,这些小粒可以脱落下散。"

② "位置:聚药花的柱头一般都穿过药室,这种花很少有不结果的。
"时间:药室在柱头茁壮时喷射花粉。
"脱落:对绝大多数的花来说,柱头都是在药室衰萎后才枯萎,所以说这是开花的后果。
"切除:对任何花都可以去雄。"

③ "结合:马里兰认为花粉进入了胚,瓦扬认为柱头固有的湿液吸收了花粉的精汁,茹协看到槭树花粉进进湿液里去,尼达姆证明所有的花粉都喷射气体精。
"对应:柱头倾向药室,然后又直竖起来。如石竹属、西番莲属、黑种草属。
"如果雌蕊很短,药室就集聚在柱头的上方,如虎耳草属、梅花草属。
"青葙属的药室是靠合的或靠近的,而花粉则由药室倾落下去。
"石蚕属的花冠把药室略微推向柱头。
"位置:只要有雄花出现,就自然生出雌花,但这两种花要由同一种子产生出来。
"时间:雌雄异株植物往往是出叶以前开花,以免叶子阻碍雌蕊,如柳属、杨属、榛属。
"雨水:雨水浸透花粉,使花粉不能倾落在柱头之上。
"园艺人员都很清楚,雨水浸透花粉后,对仁果树和核果树的结实会有很大影响。
"农民最讨厌在小麦扬花季节下雨。
"烟雾吸走柱头的湿气,也会造成减产。"

146.因此,萼等于新婚床,花冠等于床的帷幕,丝状体等于输精管,药室等于睾丸,花粉等于精液,柱头等于外阴,花柱等于阴道,胚等于卵巢,果皮等于受精的卵巢,籽粒等于卵。①

147.土壤是植物的胃袋,根部是乳糜管,茎是骨骼,叶子

"棕榈科植物:由于泰奥非拉斯托斯(古希腊哲学家和植物学家。——译者)、普林尼乌斯(古罗马博物学家。——译者)、肯普夫(德国博物学家和医生。——译者)和图尔努弗(法国植物学家。——译者)等人的介绍,人们都知道爱琴海诸岛的黄连木属的种植情况。

"古代人发明的和现代人仍在地中海东岸各地应用的无花果小蜂传粉早熟法。见拙著《论无花果的栽培》。

"下倾花的雌蕊比较长,便于花粉落在柱头上,如风铃草属、雪片莲属、雪衣莲属、贝母属。

"水下花在开花期间漂浮在水面,如睡莲属、芦荟属、狐尾藻属、眼子菜属、水鳖属(Hydrocharis)、苦草属。

"奇异瑰丽的聚药花:没有柱头,也不能受粉。

"见矢车菊属、向日葵属、金光菊属、金鸡菊属各条。

"如在花粉坠落以前去掉独株郁金香的药室,郁金香就结不了籽。

"开花期间集中生长在一块地上的不同品种的甘蓝,总不会结下本品种的种子。

"乌普萨拉公园中的杜鹃花,从1702年起就不结籽;1750年移来一种雄性品种后,就开始结籽了。

"在荷兰的大多数公园中,克鲁希亚木都不结籽;然而在莱顿,我发现一株雌性克鲁希亚木受了粉,所以我事先就肯定准有一株雄性的,后来我果然找到了它。

"榕属、葎草属、芭蕉属、桑属虽然没有雄蕊而实结,但并不是例外。必须把开花部位、萼、果皮、花托、种子等分辨清楚。"

① "可以把萼看作女性的阴唇或男性的包皮。

"也可以把花冠看作小阴唇。

"可以把供给药室汁液的丝状体叫作输精管。

"药室是睾丸。

"柱头相当于女性身上的使小阴唇分叉的外阴部分。

"雌蕊相当于阴道或输卵管,但一般不看作输卵管。

"胚相当于卵巢,因为它含有种子的原基。

"果皮相当于受精后的卵巢,卵受精以后就躲藏在其中。

"种子等于卵,详见134、135节。"

是肺,热等于心脏。因此,古人把植物叫作倒立的动物。①

148.具有药室的花是雄花,具有柱头的花是雌花,药室和柱头两者都有的花是两性花。②

149.只有雄花的植株叫作雄株。只有雌花的植株叫雌株。只有两性花的植株叫两性体。既有雄花又有雌花的植株叫雌雄同株。

两性花、雌花和雄花都有的植株叫杂性体。但是,绝大多数植物是雄两性体或雌两性体。③

---

① "从前,人们把植物叫作倒立的动物。植物通过根部像通过乳糜管一样从土壤中吸取最松软的微粒,这种微粒像动物胃里的乳糜一样,沿着硬挺的茎梗上升,再由枝杈把它们输送给生殖器官,使其能够生育。

"植物并没有心脏,由热取代心脏的作用。这个心脏不需要经常的动力,也没有血液循环,但要有吸力。

"叶子运动并呼吸,起肺的作用;叶子也很像动物的肌肉,但这种肌肉是由梗柄固定住的,不能够自发地运动。"

② "两性体在植物界常见,而在动物界则罕见。计多螺虫似乎是两性体,蜗牛肯定是雌雄同体。

"植物必须把性别不同的集中到一处,因为它不能去找配偶或与配偶约会。"

③ "两性体植物在同一株上开有雌雄同体花,植物的大多数种属都是如此。

"雌雄同株植物在同一株上分别开有雄花和雌花,如:

角枥属	栎属	柏雷草属
玉蜀黍属	山毛榉属	角果藻属
香蒲属	松属	薏苡属
荨麻属	蓖麻属	黑三棱属
桤木属	铁苋菜属	桦属
苍耳属	葫芦属	豚草属
苋属	泻根属	菊科和若干
菰属	黑钩叶属	伞形植物
狐尾藻属	墨角藻属	酸模属
金鱼藻属	下叶珠属	轴藜属
榛属	桑属	刺痒藤属
枫香属	黄杨属	车前属

150.凡是美丽的花都是天然的,而且都奇形怪状,其丰满

冷杉属	筋骨草属	银胶菊属
麻风树属	慈姑属	胡桃属
甜甘属	鹅耳枥属	巴豆属
水韭属	柏属	莲叶桐属
灰藓属	苹婆属	苦瓜属
水马齿属	栝楼属	石松属
薹属	线叶苹属	

"雄株只开雄花,雌株只开雌花,如:

茨草属	柳属	缬草属
苦草属	榕属	杨梅属
槲寄属	荨麻属	鼠李属
桑属	漆树属	避霜花属
五月茶属	角豆树属	水麻属
黄连木属	大麻属	沙棘属
葎草属	酸模属	菝葜属
杨属	克鲁希亚木属	树头桐属
月桂属	金发藓属	秋海棠属
番木瓜属	海枣属	水鳖属
达提斯卡属	柿属	麦瓶草属
假升麻属	山青定属	麻黄属
桧属	狗筋蔓属	泥炭藓属
那配阿属	紫杉属	薯蓣属
假叶树属	巴豆属	马桑属

"杂性体也叫杂种,它必然有两性花,而且在下述的情况下,还有雄花或雌花之一。
"雄两性花和雌两性花是:其中一个花是雌雄同体,而另一个花则是不育的,如芭蕉属。
"在所有的植株上兼有雌两性花和雄两性花的,有藜芦属、朴属、山羊草属、瓦伦西亚草属。
"在单独的一株上兼有雌两性花和雄两性花的,有矮棕榈属、人参属、紫树属、柿属。
"在所有的植株上兼有两性花和雌花的,有墙草属、滨藜属。
"在单独的一株上兼有两性花和雌花,而在另一单独的植株上兼有雌雄同序花和雄花的,有 Arctopus。
"在所有的植株上兼有多朵杂性花和一朵雌两性花与一朵雄花,而在单独的一株上则兼有多朵杂性花和一朵雌两性花与一朵雌花的,有皂荚属。
"在不同的植株上兼有雄两性花和雌两性花的,有岩高兰属。"

的花朵盛开而不孕,所以总是败育;复合花则不那么容易败育,多育花会使花朵更加奇形怪状。①

评述林耐的著作

研究各种现象,可以持两种截然不同的观点。

对现象的主要外貌进行观察研究的,叫作自然科学家。

致力于发现现象的机制的,叫作物理学家。

毋庸置疑,林耐是一位伟大的自然科学家,然而他的思路却是亚流的。同他专门研究的植物学不能列入第一流科学著作一样,他也只能是一位第二流学者。同拉格朗日、拉普拉斯、孔狄亚克或孔多塞这样一些人物相比,伟大的林耐要渺小得多。同天文学和人体生理学的研究相比,植物学的研究就不太重要了。

在这部关于最近两个世纪人类理性发展的简短概述中,如果我愿意并能够用一点时间来批判林耐的话,那我就要问:在他的名著开端写的那句话,即"大地给我们提供的一切,叫作元素和自然物,……",究竟有什么意义呢?

---

① "丰满美丽的花朵一般都不结籽,而是通过插条或分根来繁殖的,如石竹属、剪秋罗属、獐耳细辛属、早金莲属、蔷薇属、石榴属、驴蹄草属、毛茛属、堇菜属、芍药属、水仙属。

"少数的花,比如罂粟和黑种草的花,与其叫作丰满的花,不如叫作复合花,而且都结籽。

"美丽的花,由于雄蕊变成花瓣,花冠就变大了。因此,复合花便丧失许多雄蕊,而丰满的花则全部丧失雄蕊。由于见到花瓣增多,人们便提出了复合花的观念,但不应举睡莲属、仙人掌属、松叶菊属的花为例,因为它们的雄蕊没有畸变。

"如果有人愿意更深入地研究植物性别的秘密,请参阅《植物交配》一文(见《瑞典科学院院报》,第1卷)。

这句话提出新的一般观念了吗？它对一般科学的进步指出能够直接有用的思想了吗？

综述 18 世纪的第一流科学著作

在 17 世纪，物理学家是在笛卡尔的旗帜下前进的。

18 世纪初，洛克和牛顿把物理学家分成两支队伍。这两支队伍都各自努力在科学的新大陆上进行发现。

上面已经说过，出于事物的本性，学者们总是轮流交替地由一个和两个首脑领导的，而且（这一点必须着重提出）决定他们从先天到后天或从后天到先天的方向转变的天才们提出的观念，其广泛性和重要性都远非早期的学者们从当时的天才们那里获得的任何观念所能比拟。

可以肯定，决定学者们方向转变的天才们，一览无遗地看到了新方向中的一切最重要东西，而他们以后的最精明强干的人，也只能充当他们的助手。

还可以肯定，随着学者们一起前进的这些助手，在接近他们所研究的事物以后，也不能掌握事物关系的总体，他们充其量只能部分地改进在天资和环境方面均占优势的人物所提出的观念而已。我说他们在天资和环境方面均占优势，是因为我认为必须进行这种比较。拉格朗日和拉普拉斯这类人的天资和理解力真的不如牛顿吗？我认为不是这样。然而我觉得，拉格朗日和拉普拉斯所以只能充当助手，是因为他们受到了环境的制约，当时的环境只叫他们用尽一切办法去进行我们要求于他们的改进工作。他们，假如处在 16 世纪末叶，必然是培根式的人物；假如处在 17 世纪初期，必然是笛卡尔式的人物；假如处在18世纪初期，必然是洛克或牛顿式的人物。假如今天他们只有二十岁，我敢说用不着等到中年，他们就会改变学者们的前进方向。

且看下面的事实。

在无机体物理学方面，牛顿胜过跟着他的方向前进的一切后来人。他发明了微积分，发现了万有引力定律，精确地算出了光速，制造出当时最完善的天文仪器，指出了水的分解和金刚石的燃烧现象。

在牛顿以后完成的最著名的科学著作，都是牛顿思想的发展；而且这些改进还是逐步实现的，没有一个人发展了牛顿的两大发明。因此我在上面才说：天才们可决定学者们转变方向，而他们的助手极其"接近他们所研究的事物以后，也不能掌握事物关系的总体，他们充其量只能部分地改进……"

对有机体物理学来说，情况也是如此。洛克既是植物学家又是解剖学家，既是生理学家又是哲学家。

孔狄亚克和孔多塞是洛克以后最著名的两位学者，他们毕生只是分别地从事于一门科学，只是分别地改进了精神和方法论方面的观念。

孔狄亚克和孔多塞既没有研究过解剖学，又没有研究过生理学。他们两人各自所犯的严重错误的根源，在于他们对有机体物理学的这两个主要部门一无所知。

总评18世纪的第二流科学著作

以促进科学为目的的工作，并不限于学者们写出的著作。学者和其他人一样,都受着一条规律的制约,即任何一个人、任何一个集团,不论其性质如何,都想扩大自己的权力。军人用刺刀,外交官用计谋,几何学家用圆规,化学家用试管,生理学家用解剖刀,英雄人物用行动,哲学家用思想体系,努力去赢得指挥权。他们从不同方面由山麓向上攀登,渴望登上统治整个宇宙的理想人物所在的和每个强有力的人物都想占据的高峰。

我把以促进科学为直接目的的著作列入第一流著作,把后来的学者为改善他们的社会存在而付出的努力列入第二流活动。

僧侣阶级曾是旧体系的捍卫者,即是人类在其想象力充沛和最不善于推理的时代所想出的体系的捍卫者。我来叙述一下以前的学者对僧侣阶级进行的伟大斗争,以及革新派学者在反对僧侣阶级的斗争中取得的辉煌胜利。

18世纪中叶,狄德罗和达兰贝尔曾号召培根、笛卡尔、洛克和牛顿的思想的拥护者联合起来,并率领这支物理学家大军向神学家发起了进攻。

我们来看一看百科全书引言发表时的情况,再考察一下培根以后的科学发展,并用新的观点研究一下我们已经扼要叙述过的事实。我们至今只是陈述了科学进步的主要里程,现在让我们来研究一下建立新体系的学者们所取得的成就!

16世纪末叶,培根把世俗学者鼓动起来,向法定的科学团体即僧侣集团造反。培根在科学的新阵地上树起一杆大旗,物理学家们都集结在这面旗帜之下。

17世纪初叶,笛卡尔建立了初步的物理学体系,并在这一科学阵地上挂起一盏大灯,继他之后完善这一体系的所有杰出人物都集聚在这盏大灯的周围。

笛卡尔逝世后不多几年,路易十四便创建了科学院。这个科学院只由物理学家和几何学家组成。

科学院自创建之日,就开始围攻神学家固守的阵地。

我把神学体系坚持的各项原则看作僧侣阶级藏身的设防工事中的一座座坚固碉堡。我把物理学家们比做对这些碉堡展开攻坚战的大军。最后,我把狄德罗和达兰贝尔视为这支大军的将军,而物理学家则在他们的指挥之下,向神学家的防地发起总攻。

撇开这一切比喻,我们来看事实。我们看到,自培根出现以后,物理学家的声望与日俱增,而神学家的声望则日益扫地。然而在我所谈的时代,即在18世纪50年代,我们也看到僧侣阶级仍然享有很大的权力和拥有巨额的财富,巴黎大学仍然是唯一的法定科学讲坛,僧侣阶级依然负责国民教育工作。我只有把物理学家用来消灭僧侣阶级的权力和财富的手段讲得一清二楚,才能完全达到为此提出的目的,因为正如我在本节的开端所说的那样,学者们用以改善其社会存在的著作只属于第二流科学著作。

这是从培根到现在这段历史的杰出部分,然而这个期间的历史事实非常复杂。没有高超的推理能力和非凡的实干才能,就不可能把摧毁旧体系的工作和建立新体系的努力叙述得清清楚楚和令人满意。

我把旧体系比做一座大厦,它的高耸的上部构造正像教堂的钟楼。物理学家已在开始拆除钟楼。但在18世纪50年代,旧体系的整个下部构造仍然完整无缺。这里面住着群众,僧侣阶级也下降到这一部分,并继续在这里统治着人民大众。狄德罗和达兰贝尔领导下的物理学家们,正在拆除这一部分。

我敢说,百科全书派在摧毁旧体系方面比在建立新体系方面做得更有成效。这个看法(我根据这个看法把他们的著作列为18世纪的第二流科学著作)是新提出的,所以应当加以说明。

对18世纪第二流科学著作进行的事实考察

我把这项考察分为四个部分。

在第一部分,我要陈述为什么把百科全书列为第二流著作,并指出怎样才能把百科全书编得可以列为第一流科学著作。

在第二部分,我要略述早于百科全书派著作的著作和为百科全书做准备工作的著作。在这一部分,我要论证伏尔泰对18世纪上半叶文人产生的影响。

在第三部分,我要论述卢梭,并提出我对他的全部著作的看法。

在第四部分,我要叙述18世纪文人著作的成果。

我认为,在这项考察当中,应当颠倒一下事实的时间顺序。虽然百科全书是18世纪50年代开始编著的,但我认为应当先从它开始考察,因为百科全书中的著作是18世纪最杰出的著作,而且我认为,把18世纪的所有文人著作当作百科全书著作的准备著作或衍生著作的叙述方式,要比按时间顺序叙述这些著作的方式清晰得多。

事实考察的第一部分

百科全书

百科全书这个词出自希腊语,含义是陈列所有的科学或陈述人类知识的大系。

我把百科全书列为批判性著作,其理由如下:

第一个理由

孔狄亚克在其《论缺点和优点毕露的诸体系》的开端,对体系一词下了定义。学者们都赞赏这一定义,我也采用这一定义。他说:

"体系就是把一种艺术或一门科学的组成部分排列成一个使各部分可以互相支持和前面能够说明后面的顺序。解释其他部分的部分叫作原则,而原则越少,体系就越完善,所以最好只有一条原则。"

根据这个定义,原则最协调的体系才是最完善的体系,而把互相反对的原则排列在一起的体系则是最不完善的体系。但是,神学原则和物理学原则显然是互不相容的,因为神学原则的依据是神启观念或神示观念,而物理学原则的依据则是习得的认识,即一般的观察。

狄德罗和达兰贝尔在评比这两种原则时只希望达到批判的目的,即证明物理学原则远远超过神学原则。从批判的观点出发的百科全书,只能对这两种原则进行比较。由于我对百科全书有如上的看法,所以我决定把它列为批判性的著作,而不能把它看作创见性的著作。

第二个理由

狄德罗和达兰贝尔采用的科学分类,仍然是在他们开始写作活动前一百五十年培根所发明的分类。这种分类,是在笛卡尔、洛克和牛顿的思想和发现丰富了人类的知识宝库之前发明的。在今天看来，把科学分为记忆的科学、理智的科学和想象的科学的这种分类的缺点，主要表现在两个方面。

第一方面　在今天看来，把科学分为三个部分是有缺点的。形而上学的发展告诉我们，我们的理性活动不外乎是对事物进行比较。我们知道，人们的观念只能分为两大部分，然后在每一部分之下再细分。

第二方面　培根的分类不外是对人类智力进行分类。但是，只有两类不同的事物：自身的事物和外界的事物。

我们自身对外界的作用；

外界事物对我们自身的作用。

这样的分类比按我们的智力进行的分类更为广泛，后者只能是前者之下的亚类。

现在，我来抄录《百科全书》的引言，然后再举出一些观点来证明我已扼要说明的见解①。

---

① 圣西门在这里抄录了《百科全书》的引言，并在引言之后附了一幅《百科全书》系谱树*，以作《19世纪科学著作导论》第一卷的结尾。

《百科全书》的引言篇幅很长，而且又是众所周知的，所以我们认为没有必要复刻。——法文版编者

*　《百科全书》系谱树删去未译。——译者

第 二 卷

关于插叙的说明

　　看完我的百科全书系谱树,读者一定会感到重新建立科学观念是可能的。这样,我也就完成了我在引述达兰贝尔所写的这篇引言时提出的看法中所规定的任务;这样,我也就可以立即接着考察18世纪的科学著作了。虽然我可以立即接着考察,但我也可以以插叙的方式对我的系谱树进行初步解释。总之,我可以加入一段插叙,我不愿意放弃这个机会与读者自由交谈。让我们来讨论一下我们决心达到的崇高目的,并通过这个讨论发挥我们的全部精神能力,因为增强我们的希望就是增强我们的力量。

　　希望读者把你们的意见通知我,让我们通过讨论来阐明我向诸位提出的观点。我决心着手写作这部著作的目的,是重新组织百科全书的编著工作。我认为现在还不能写引言,但我已收集了这部百科全书所需的材料。对应当写进书中的观点,我已掌握了一定的数量。我要在插叙中提供诸位看的,正是这些观点和这些材料。我把这段插叙题名为《我的札记》。

插　叙

我的札记

第一部分

一、观念世界的体系

改善观念世界的组织结构是增进我们对现实世界的认识的最通用办法。

可把牛顿的发现,即万有引力看作一般事实或一般观念。在把它看作一般事实时,我们可以和应当用它来解释现实世界;而把它看作一般观念时,我们可以用它来建立想象的世界。我要谈的,正是这个想象的世界。

点产生线,线产生面,面产生真空的几何体。如向这个设想的空间投掷某种物质,将会产生什么结果呢?

第一个假定

向空间投掷流体,并设流体的每个分子都有引力。

这时,处在体系中心的分子开始自转,并一直保持自转。

其他分子则有三种运动:

一、自转。

二、向中心移动,与中心分子相遇和冲撞,被中心分子反射回来。当斥力耗尽时,引力又使其他分子向中心移动,再被中心分子反射回来,这样一再反复下去。

三、围绕中心分子公转。

第二个假定

向空间投掷固体,并设固体的组成分子都有引力。

固体开始围绕体系的中心旋转,并一直保持这种状态。

第三个假定

把一种流体和质量与它相等的一种固体投进空间。

如固体恰好处在体系的中心,而固体的中心又同体系的中心相合在一点,则固体开始自转并一直保持自转,不再产生其他运动,只发生第一个假定中的中心分子那样的作用;而流体的组成分子,则有第一个假定中所述的三种运动。

第四个假定

把若干种固体和质量与它们相等的若干种流体投进空间,并设固体部分和流体部分混合形成两团各自独立和体积不等的物体。

这时,两团物体中体积大的距离体系中心最近。

体积小的那团距离中心的远近,与两团物体的体积之差成正比。

两团物体既有自转,也有围绕体系中心的公转。

组成流体的分子,按上面第一和第三假定的方式运动,而且毫不妨碍固体的运动。

在上述的几个假定以外再作新的假定时,也可以按上述道理形成新的观念世界,而且这个世界的结构也是完全可以知道的,因为它是按理逐步构成的。我暂时不再作这种假定,因为我认为我所说的足以使有理智的人相信,由固体和流体组成的体系是可能存在的,而且其中的流体毫不影响固体的运动。这种可能性一经公认,数学家就不难根据这个理论把光学的事实同天体力学的事实联系起来,即把对天体流体的观测同对天体固体的观测联系起来。

我也可以用另一种方式提出我的假定,即我可以在空间创造物质,而不是向空间投掷物质。

我在空间创造物质,我赋予每个分子以一般的力,即赋予每个分子以各种力,如吸引和排斥其他分子的力,向各个方向移动的力,等等。

假如我消灭了一个分子。这时,剩下的全部物质就开始运动,而且是根据我所说的万有引力的规律运动。

我认为,用这种方法就可以使人们对万有引力的思想有个清晰的概念。

二、关于牛顿

伟大的物理学家、几何学家和天文学家牛顿,既未能概括他的思想,又未能统一整理他的思想。他完全没有理解他的思想的哲学价值。作为一位天文学家,牛顿充分利用了他的万有引力的观点;作为一位几何学家,他发明了计算万有引力作用的方法。但是,他丝毫没有认识他的发明的重大意义,没有看出各种各类现象都是这个原因的结果,而是到神学著作中去寻找比他想出的观点更为重要的观点。他给《启示录》作了注释。

人们认为牛顿的全部科学发明概括了世界体系,其实这种看法是非常不恰当的。这位学者并没有必要的哲学天赋去组织他的思想,使其形成一个完整的体系。他甚至自相矛盾,他的一些基本观点显然是相互对立的。

牛顿一方面说宇宙的所有部分都受万有引力的影响,另一方面又说天体之间的空间是真空的。如果说空间是真空的,则万有引力不就显然不是万有引力而是部分引力了吗?

(作为天文学家的牛顿说)如果在天体之间的空间有物质存在,则天体的运动必然要因摩擦而变化,但我们在观测中并没有发现天体结构发生任何变化,所以我们必须认定星辰是在真空中运动的。

作为天文学家的牛顿本可以作出下面的推理,从而不与作为物理学家的牛顿发生矛盾:

如果在天体之间的空间存有与天体质量相等的物质,则天体对周围流体的作用就应当被流体的反作用抵消,所以在这种力量相等的情况下并不产生摩擦。

假如作为几何学家的牛顿能按这个假定推理,他就会把他的杰出见解(物体间的引力与它们的质量成正比,与它们间的距离平方成反比)完全正确地应用于他关于真空的假设。

假如牛顿能够上升到概括的高度,他的内心一定会对真空的观念产生反感。他能把宇宙看成是一个自成体系的整体，肯定这个宇宙的某些部分完全没有价值，认为它的某些部分与其他部分完全没有关系吗？一句话，他能认为宇宙的某些部分既不产生作用又不承受作用吗？

假如牛顿上升到了概括的最高一级，他必然会认识到，绝不能把地球力学的摩擦观念原封不动地搬用到天体力学中去。地心对地表的所有物体的引力，始终影响着地球力学的整个作用。在天体力学方面，把摩擦的观念引来推理之前，必须先仔细研究引力在所考察的领域内能起什么作用。

考察一下人类理性的发展和我们观念的日臻完善的过程，分析一下我们对固体的感觉（这种感觉比对流体的感觉更为锐敏，更为明显，更易于计算其效果），人们就不会再对物理学家至今一直把固体看作主要因素，而把流体看作次要因素的情况感到惊异，并且可以清楚地认识到，要使科学大踏步前进，就必须对流体的作用和固体的作用进行直接的和全面的比较。

根据真空的假设来解释光的传播的任何尝试，都必然得出荒谬的结论。

牛顿和后来的许多著名物理学家为解释彗星形成所做的种种努力，都未得出令人满意的结果。

我对牛顿感到不满，所以我要大力宣扬我的思想。我看到牛顿阴魂的作用对科学的进步非常有害，所以我要向我的同时代人，特别是向我的同胞大声疾呼：现在是改变路线的时候了，即必须沿先天的道路进行发明。①

① 不少人向我提出,把科学的路线分为先天的道路和后天的道路的做法既不明确也无用处。我要努力说明这种分法是明确的,并证明它是有用的。

丰特内尔(Bernard Le Bovier de Fontenelle,1657—1757年)说过:

"笛卡尔和牛顿这两位第一流天才采取了截然不同的两条路线:前者英勇翱翔,志在俯瞰万物之源,用几个明确的基础观念去掌握基本原理,最后,作为必然的结果,再下降到自然现象;后者谨小慎微,从现象开始前进,以上升到未知的原理,最后,根据一系列结论来确认这些原理。前者从他完全理解到的东西出发,去寻求他所见到的事物的原因;后者从他所见到的事物出发,从中找出或明或暗的原因。明显的原理并不能使前者经常看到现象的本来面目,现象也不能经常使后者认识相当明显的原理。在各自的道路上阻止这两个人前进的界限,并不是他们个人理性的界限,而是人类理性的界限。"

丰特内尔完全知道并明确指出笛卡尔和牛顿所用的方法的差异。他一眼就看到,双方都是以对方的出发点作为自己的目的地的。丰特内尔只是一个文学家,所以他未能上升到这个观点的顶峰,从那里俯视他的一系列发现及其不断丰富人类知识的全部卓越见解;他没有理解人类理性是按照泛化而后分化、分化而后泛化这样的路线轮流交替地发展的,否则他就应当作出如下的论述:

笛卡尔做了泛化(概括)的工作,他以后出现的第一位天才当然就要进行分化(分析)的工作,所以牛顿进行分化的研究是不足为奇的。

既然牛顿做了分化的工作,所以我们就应当进行泛化的工作,而将来出现的第一个天才人物则应当作分化的工作。

反正应当肯定,丰特内尔承认有两条科学路线,而且他证实了它们的存在。现在,各位批判家先生,请你们给这两条路线各定一个名称。我所以请你们为两条路线定名,是因为这是区别两条路线的唯一方法。如果我把它们叫作先天的道路和后天的道路,恐怕你们挑不出毛病。

苏格拉底走的是后天的道路,他从多神信仰或多原因信仰过渡到单一原因的观念。在他以后的所有一神论哲学家,都走的是先天的道路,因为他们都是从单一神或单一原因的观念出发,通过一些次要原因,下降到事实的考察的。

如果我能如愿以偿,证明万有引力是所有物理现象和精神现象的唯一原因,则学者们就将沿着先天的道路前进,因为所有的学者都将从万有引力的观点出发去考察现象。

我把现象分为精神现象和物理现象。这种分类法本身并不坏,然而重要的是不能忘记,最好的分类法的目的,应当是把观念理出条理,使其便于组合。一句话,最好的分类法应当是给出一般的数学公式,把这一列现象与另一列现象编入一个方程。学者们在完全排除神学观念和使普通物理学向前发展时,就会发现最好是创造一般分类法,把现象分为固体现象和流体现象。今天我们所说的精神现象,就是以神经流体为动力的现象。

三、现实世界的体系

宇宙是充满着物质的空间。

物质以固体和流体两种形式存在。

流体的量同固体的量相等。

物质的分子可轮流交替地以固态和流态出现。

一切现象都是固体和流体相互斗争的结果。

宇宙分为两个相等的部分。我把一部分叫作固体,另一部分叫作流体。固体部分是物质趋于固化的部分;流体部分是物质趋于流化的部分。

在某些时期,两种状态的物质相互混合在一起。不久,就发生全面的分离,然后又在原来的基础上重新混合。

宇宙是唯一的永恒现象,其余现象的持续时间有长有短。

太阳系是固体体系的一部分。

太阳系是一个扁球体,其中流体的量同固体的量几乎相等,而固体的质量则略大于流体的质量。

在太阳系中,固体的质量不断增加,而流体的质量则相应减少;还不断形成彗星。

太阳系各星球之间的流体,服从太阳系的公转运动,它的密度随其在空间所处的位置而各不相等。在体系的中心附近,流体的作用受到该处固体的强烈干扰。流体本身的运动受到干扰以后,流体就被解体,于是固体物质和流体物质便在体系的这一部分聚合在一起,而这种聚合体同以后由于同样原因形成的聚合体汇合,又逐渐增大。最初,这种聚合体形成我们见于太阳的黑子。当黑子的体积和密度达到一定程度后,就脱离太阳的表面,而形成我们所说的彗星。

起初,彗星的离心力很大,其抛出方向几乎垂直于黄道面;随着密度的增大,倾斜度和离心力就逐渐变小。彗星的密度是通过下列两种力而增大的:

一、彗星内部发生的分子引力;

二、经过邻近行星时受到的瞬间压力。

彗星的密度达到一定点时就产生自转运动,从而具有了行星的特征。[1]

彗星的密度逐渐增加,表面上出现叫作有机体的美丽小物体。当彗星的固化达到一定程度时,就不再出现这种现象。

四、有机体的形成

每当出现一次重要的发酵现象,就有有机体形成。如果物质的发酵程度不大,所产生的动物就小,有机化的程度也不高。这类动物只有很小一点智能,它们只能是昆虫类。最大的动物产出于

---

[1] 许多年前,我曾写信把我对彗星形成的看法,告诉给经纬度测绘局的观测主任布瓦尔先生。

三年前,布瓦尔先生告诉我:

"目前,在天际有一颗密度不大的彗星,透过这颗彗星可以看到星辰。整个彗星是半透明的,它没有核,像一片云雾和一片不太厚的流体。可以肯定,这个事实同阁下的看法非常吻合,但同目前所有的学说恰恰相反。"

几个月前,我同布瓦尔先生一起观测了一颗外表与上述彗星完全不同的彗星。这颗彗星的轮廓几乎同行星一样清晰分明,除了微微发光的彗尾之外,再没有彗星的其他特征。

由此看来,四年来天文学家们观测到两颗彗星,其中一颗处在生成的初期,另一颗正在变化,即将变成一颗行星。

最大的发酵时期。当地球从彗星状态过渡到行星状态的时候,即当地球开始自转的时候,地球上才产生最大的发酵。

当地球从彗星状态过渡到行星状态的时候,地球的表面完全是一层水。鱼类是最初生成的有机体,而且最大的动物也都出现于鱼类。鲸是已知的最大动物。

鞑靼高原是地球上最高的部分。它是最早露出水面的部分,也是陆地动物最初生成的地方。这一时期生成的动物(可以叫作第二次生成的动物),就体积来讲是第二等动物。

美洲浮出水面(这次事件造成了洪水)之后,出现了动物的第三次大生成。第三次生成的动物,其体积都不如前两次大。

有机体的机制

如果把有机体看作固体同流体的斗争场所,则可认为有机体的机制,不外是脑和起同样作用的其他器官向外排放流体,即由脑的神经把这种流体输送到个体的各个部分去。

感觉器官是神经末梢的端部,通过这些端部的出口建立神经流体即生命流体与同样细小的空间流体之间的联系。

思想是一种物质引力,是神经流体运动的一种结果。[1]

最初,人同其他动物并没有什么明显的区别;拿人的构造和其他动物的构造比较,我们可以看到:人的构造,无论是内部结构还

---

[1] 达兰贝尔不敢承认思想是物质的,因为他觉得思想的速度太快。他说:"一个简单而能思维的实体,一瞬间能有这么多的活动,简直是形而上学的奥秘。"他可以看到,电的速度也是非常快的,因为它的行程是无法测量的。即使神经流体的分子不比电流分子更为细小,至少也与它同样细小。

是外部结构,现在都比其他动物优越。为什么要为人的精神优势另找原因呢?人的智力同动物的本能之间界线,只是在口说的或书写的约定符号体系形成之后,才清楚地画了出来。

五、 人的智力和动物的智力之差异

人的智力同其他动物的智力所以在今天有天壤之别,那是因为人从第一代起就处于最有利于自己发展的地位。人类的数目不断增加,而智力仅次于人的动物的数目则不断减少。人与其他动物的一切关系,均表现为人在妨害其他动物发展其能力:迫使一部分动物躲藏于山野,役使另一部分动物,不断地阻碍动物发展其可以同人进行斗争的能力,竭力发展动物的有利于人的能力。结果,人的精神不断完善,而其他动物的精神则不断遭到破坏。

假如人类从地球上消失了,结构的完善程度仅次于人的动物,就将日益完善起来。

根据一些公道的政治理由,必须把人类分成几个人种。当然,欧洲人是第一流人种,因为他们生存和居住在地球上出产小麦和钢铁最多的大洲。

在大革命过程中,由于不了解生理学家所观察到的事实,政府领导人犯了一个严重的错误。他们建立了黑人同欧洲人平等的原则。这个原则当然是错误的,因为通过观察证明,这个原则所依据的事实是虚伪的。

通过研究人类的历史,生理学家极为生动地指出了特殊人物发展成为特权集团的方法。特殊人物分为两类:军事的特殊人物和科学的特殊人物。①

头脑组织非常优超的生理学家,应先用他的思想回顾各种动物的形成时期,然后再下降到以后的几个世纪观察人类智力的不断进步,最后把其如何改进人类命运的明确观点告诉给他的同胞。

六、 对一个重要观念的初步概观

事物没有两种秩序,只有一种秩序,即自然的秩序。

现象分为两类:固体现象和流体现象。

人是一个小世界,身上具备大世界所有的各种现象,只是规模小一点。

行星从属于宇宙,它像一只挂钟装在一座大钟里面,并由大钟驱动。

人从属于所在的行星,他像一只小表装在一只挂钟里面,而这只挂钟又装在一座大钟里面。

人类理性随着地球接近其终期而衰老。

随着人类理性的衰老,人的推理能力逐渐增强,而其想象能力则逐渐消减。

随着行星的衰老,行星固体的作用逐渐占优势。

---

① 当学者们认识到僧侣阶级和贵族阶级的建立是人类发展的有机结果时,就会放弃设法消灭这些集团的一切观点,而欢迎以证明下列三点为目的的科学著作:一、僧侣集团和贵族集团应由最著名的特殊人物组成;二、每当组成僧侣集团和贵族集团的个人不具备最杰出和最超群的品质时,就必须改组、改建和改编这些集团;三、有一个一流的天才人物,就能很好地改组僧侣集团和贵族集团。

在我们的理智活动中,当流体的作用占优势时,我们就善于想象;当固体的作用占优势时,我们就善于推理。

七、 人类历史的理论

人类全体的智力和个人的智力,是按同一规律发展的。这两种现象的区别,只在于它们所处的发展阶段的规模的大小。对人类理性的进步和个人智力的发展进行对比考察不难证实的这条真理,对于认识人类直至消失以前的未来命运很有用处。

个人智力的发展

人在儿童时代喜欢堆垒石头、建造小堤、挖掘小水池等游戏,把斧子、锯、刨子、钉子、榔头和可用这些工具加工的材料交给他,会使他感到最大快乐,这是他最喜欢的玩具。可以肯定,人在幼年时期也爱好艺术。

到了成年时期,人会成为艺术家。哪一个青年人不想在音乐、绘画或诗歌方面一显身手呢?

到了二十五岁,人的能力获得了重大发展,于是他寻找一切机会使用这种能力。他把自己的同辈都当作对手,经常准备着同这些对手、同整个大自然,甚至同自己进行斗争。四十五岁以前,他基本上是富有尚武精神的。

到了四十五岁,人就进入一生的后半阶段。他的活动能力开始减退,而他的思辨能力则逐渐增强。他开始回顾,回顾自己的前半生。他不再从事发明,而是从新的方面考察他所见到的事物。他把自己精神生活的头一部分用于概观过去,把其第二部分用去总结。

以上是个人历史的概况。下面来谈人类纪年史的概况。

人类理性的发展

我从埃及人开始,因为他们以前的民族,历史都模糊不清,没有什么值得谈的东西。我在第四节末说过:"人的智力同动物的本能之间的界线,只是在口说的或书写的约定符号体系形成之后,才清楚地画了出来。"现在,我就依照这一见解来叙述。

从埃及人到我们现代,相继对人类起过重大作用的有四个民族:埃及人、希腊人、罗马人和萨拉森人。

埃及人建造了最大的石塔,挖凿了最大的湖泊,修筑了最坚固的人工堤坝。

在艺术方面,希腊人的作品至今仍然是典范。

在战争艺术方面,罗马人胜过了他们以前的民族;而萨拉森人的武功,比罗马人更为巨大和显著。

萨拉森人不仅在军事方面杰出,他们还有更为优越的特点:他们是物理科学和分析科学的发明者,代数学、化学和生理学的发展都应归功于他们,是他们在欧洲建造了最初几个天文台。一句话,他们创造了主要的推理公式和出色的观测方法。

对个人历史和人类历史进行对比考察之后,我可以得出结论:人类的年龄已经达到相当于个人年龄四十岁的时期。根据最可靠的说法,人类大约已经存在八千年。根据这一假定,个人的一岁相当于人类的两个世纪。

一般现象是唯一可以永恒存在的现象;太阳系的现象是很次

要的现象,它的寿命必然有限。我们居住的行星是太阳系的一部分,不管它的体积有多大,其寿命不会超过它所在的太阳系的寿命。

虽然人们全都承认这条真理,但它对科学的进步还没有直接的益处,因为还没有发现现象趋于结束的规律。发现这一规律,将对科学的进步非常有益。

考察天文、化学和生理方面的事实使我初步总结出不同门类现象所遵循的规律。我认为:所有的这些现象,都可以被看作固体和流体之间的斗争;任何一种现象,一开始总是流体的作用胜过固体的作用;当现象的寿命过了一半以后,固体的作用便占据优势,而且越来越占据绝对优势,直到现象结束为止;然后,固体中的固定分子自行解体,恢复分子个体的独立性即能动性,从而还原成一团流体。

人在幼年时期,流体占据优势,软体部分的固化是使人死亡的不可避免的原因。其他动物也逃不脱这一规律,植物也是如此。人们发现矿物界也有这一规律。石头处于溶解状态以后,变成液体而处于悬浮状态,随后下沉而具有稍浓的沉淀状态,最后逐渐固化,直至转变成尘埃,即直至消灭。

地质学家所作的观察和历史学家所收集的事实都证明地球的表面当初要比现在布有更多的水。

天文学家已经知道:

一、月球(比地球小,其现象的寿命必然要短)的表面已经完全干涸;

二、在太阳系中,正在形成新的彗星。

八、历代的文物古迹

现存的最古老古迹是金字塔。金字塔也是现存的最宏伟古迹，同时也是最没有用处的建筑物。

在埃及人之后，最雄伟的古迹是希腊人留下来的。希腊人留下来的最著名古迹是柱廊。这些柱廊虽没有直接的用途，但对全体居民的享乐还多少有过一点好处。

罗马人的水渠和大道，要比埃及人的金字塔和希腊人的柱廊有用得多。

我们现代的最大建筑物是船舰。同所有的其他建筑物相比，这类建筑物的用途优越得不容置疑。至于现代的地面建筑，虽比前人的小得多，但数量却比前人多出许多倍。[①] 在我们祖先生活的时代，有过若干雄伟高大的公共建筑，有过若干富丽堂皇的私人住宅，而人民大众的住所却非常简陋。今天的欧洲，遍地都是美丽的庄园和舒适的住宅。

任凭你从哪一方面去看，从埃及人到我们现代，人类的境遇都显著地改善了。

一个埃及国王，当他在位期间，要驱使半数以上的臣民去给他修造陵墓。还能有比这种做法更滥用权力的吗？

在希腊人那里，自由人的数目同奴隶的数目是什么比例呢？

在罗马人的时代，凡非出生于罗马城的人，其生活都没有保障。

[①] 圣西门死于1825年，他没有能够看到铁路和电报机。——法文版编者

今天,在法国、德国、意大利、西班牙和英国,共有居民一亿二千多万,除少数人外,都有很好的住所,丰衣足食。在所有的主要关系方面,他们都权利平等。在所有的这些国家,法律规定对社会各阶级的犯罪分子,凡是同样的罪行都处以同样的刑罚。

任何观念都有一定的范围,超出这个范围就不能正确应用。孔多塞在应用可完善性的原理时,就超出了它的应用范围。

孔多塞用可完善性的原理成功地抨击了循环论哲学家的见解。我把那些认为人类理性总是在一个圆圈内回转,周而复始地一再循环的学者,称为循环论哲学家。但是,孔多塞在建立以可完善性的原理为基础的体系时,却犯了非常严重的错误。

他说:"历史证明,人类理性是不断发展的,因此我们可以断言,人类理性也将无限地完善下去。"

如果这个见解是完全正确的,那么人类理性在取得新的才能的同时,绝不会丧失既有的才能,但历史所证明的却与此相反。《伊利亚特》是至今最古老的史诗,是我们所知道的最美的史诗;梵蒂冈的阿波罗大理石雕像是现存最美的雕像,等等。在许多方面,现代人并不比前人高明;而在另一些方面,今人又远远超过古人。我们能分解水和空气,而我们的祖先却把它们当作元素;我们现在能够避雷,环球旅行,等等。

九、 现代人的幸福

三十五到四十五岁是一个人最幸福的年月:他既可以概观,又已具有进行总结的能力。就人类的寿命而言,现代人已经达到人类理性可以充分发挥想象和推理两大能力的时代。我们的子孙将认为他们很有想象力,其实他们只是进行回想;我们的祖先曾错误地认为自己很会推理,其实他们的推理还很幼稚,因为他们没有把各项推理联系起来,还未能建立推理的一般体系,而仍以杂乱无章的想象产物作为科学体系的基础。

现代人要比将来各代人幸福得多,而我们的皇帝也将是最能干的人。

十、关于历史

根据最近几年对埃及、印度和中国进行的历史研究,似乎中国、印度和巴勒斯坦是在同一时期开始有人居住的。

我认为,鞑靼高原是人类的摇篮。我认为,洪水退后,亚洲大陆一露出水面,人类就分为四个部族下到平原地带。我认为,这四个部族是各向一方而下的:一个部族下到中国,另一个部族下到印度,第三个部族下到巴勒斯坦,第四个部族下到西伯利亚。

这种看法便于解释一些最重大的历史事件。

东方、西方和南方部族的知识进步,要比北方部族的快得多。这并不奇怪,因为前三个部族所处的环境非常有利于他们智力的发展。他们容易找到食物,不必同严酷的气候作斗争。

到公元前5世纪,在苏格拉底稍前,中国人、印度人和迦勒底人[1]都各自取得了科学进步,程度不相上下。从此以后,西方部族突飞猛进,而其他两个部族则停滞不前。这并不奇怪,因为中国人和印度人都濒临大海,受到限制,不能认识新的现象,没有可能进

---

[1] 指建立新巴比伦王国的迦勒底人。——译者

行新的尝试；而迦勒底人则驰骋于欧非两大陆，容易推进到可居住世界的最遥远地方，而且他们还处在一个岛屿星罗棋布和便于航行的小海的周围。

迦勒底人与其殖民地之间的古代交通比中国人和印度人之间的古代交通便利得多。毕达哥拉斯①到印度旅行期间，收集了有关那里的科学的所有重要资料；而我们却未听说中国人和印度人用过希腊人的知识来丰富自己。他们受到亚历山大的进攻，把亚里士多德的发现拒之于门外。

这也没有什么好奇怪的，因为受过同样教育的两个人，谁最努力扩大自己的知识范围，谁就最有学识；谁能同别人多方交换观念，谁就最聪明。

我感到，只是在苏格拉底以后，历史才饶有兴趣，富于教育意义。研究苏格拉底以前的历史事件，在我看来，就像研究一个成年人的经历。人到了成年，都竭力回忆他在乳母的怀抱时期、受大人监护时期和学习读书写字的年月所想的一切，并设想自己在成年期所应做的一切。

不必用太多的精力去研究中国和印度的历史。显而易见，这些民族还处于幼稚时期，而且他们从孔夫子以来所取得的点滴进

---

① 毕达哥拉斯（Pythagoras，公元前6世纪），古希腊哲学家，生于萨摩斯岛，反动的贵族党的追随者，曾创办毕达哥拉斯同盟传播他的学说。他和他的学生们研究数学、天文学和物理学。据说，三角形的三个内角之和等于两个直角之和的定理、勾股弦定理、比例定理、声学上的数值关系理论、无理数论、地是球形和转动的理论等都是他发现的。毕达哥拉斯哲学具有浓厚的神秘主义色彩，认为数是整个世界的本质，把数看成是与实在的现实脱离的独立实体。毕达哥拉斯是灵性转生论，即轮回思想的热烈拥护者。——译者

步,也应当归功于同欧洲人的来往。可以肯定,不谈印度人和中国人的科学著作,照样可以写出一部完整的人类理性进步史。

北方部族和西方部族的科学史包括了人类理性进步史的全部主要内容。

西方部族

腓尼基人、埃及人、希腊人、法兰西人和西班牙人等民族的祖先以前都居住在迦勒底和阿拉伯。在历史研究中,考察殖民地和宗主国之间的学术交流是一件非常有趣和很有教益的事情。

直到公元前3世纪,总是宗主国的人先提出新的重大观念,而后由殖民地的人加以发展。

摩西发明了上帝的观念[①],而苏格拉底则明确了这个观念的含义,并且把它作为自己的哲学体系的基础。

耶稣创立了基督教,而保罗则使基督教的教义系统化了。

阿尔-马蒙[②]哈里发在位时,阿拉伯人从事了代数学、普通物理学、天文学和生理学的研究。

欧洲人发展了数学和物理学,他们现正有系统地完善这些科学。

---

① 我说摩西发明了上帝的观念,但我并没有说,而且我也不打算说,只是他一个人发明了上帝的观念。与此相反,我认为,甚至我肯定,从鞑靼高原下来的四个部族都各自发明了上帝的观念。

② 阿尔-马蒙(Al-Mamoun,786—833年),阿拔斯王朝的哈里发,阿尔—拉希德的儿子,因从事广泛的启蒙活动而出名。根据他的指示,亚里士多德的著作和希腊其他学者的著作被译成阿拉伯文;他还曾下令建立巴格达天文台。——译者

北方部族

　　从鞑靼高原下来走向北方的部族,直到他们的后人罗吉尔·培根的时代,只是在军事方面有点成就,他们以侵略和掠夺著称。这个部族的宗主国人叫鞑靼人。他们在北部的移民叫克尔特人、斯拉夫人、诺曼底人等等。

美洲的发现

　　发现美洲以后,欧洲就成了世界的宗主国。就目前的世界四大洲而言,欧洲的位置最为优越,这使它的居民成了新旧世界的中间人。

　　欧洲人能否一直保持世界宗主国的地位呢?如果美洲全住上了人,如果美洲人的海军超过了欧洲人的,新大陆是不是就要成为宗主国大陆呢?目前我不想研究这个问题。除非在主要方面把过去研究完毕,我是不愿意涉及未来的。

十一、关于历史的分期

　　历史的分期至今分得都不够好。学者们袭用的各种分期法,都犯有时间分配甚不均匀的毛病,而且也没有根据人类智力发展的一般序列来规定所划的时代,一直是根据次要的或局部的事件类别来划分。到现在为止,历史学家只注意政治、宗教或军事方面的事实,从未上升到足够高的观点。孔多塞是第一个编写人类理性史的著作家,但是支配着他的慈善心肠遮蔽了他的视线。他给我们提出的初稿不是一部历史,而是一部长篇小说;他没有观察事物是怎样的,而是希望事物是怎样的。

直到苏格拉底的时代,从鞑靼高原下来的四个部族,其中没有一个显著地超过了另外三个,都各自取得了不相上下的进步。每个部族都通过自己的努力得出上帝的观念,但谁都没有清楚地认识这一观念。苏格拉底是第一个切实地赋予这一观念以单一性的人。他第一个宣称,应当把上帝的观念当作创造科学体系的工具。他是一般科学的创始人。在苏格拉底以前,所有的观念只被并列在一起,是他第一个开始把这些观念有系统地联系起来的。

从苏格拉底到我们现代,科学工作从未间断。统称为中世纪的7、8、9、10、11和12世纪已经不是蛮族全面入侵的世纪。被我们称为蛮族的某些部族这时已经很开化了,他们开垦了我们现在耕耘的科学大地。

我说苏格拉底是第一个上升到一般观点的人,是因为他的著作构成了古代史和近代史的明显分界线。

于是,历史分成了两大部分:

从人类历史的开始到苏格拉底:古代史;

从苏格拉底到我们现在:近代史。

人类的古代史相当于个人的童年史。这一部分不太重要,不值得重视,教育意义不大。它只能吸引凡夫俗子的注意。钻研上古的著作家所作的那种研究,妨碍了他们认识自己的愚蠢。他们像那些眼睛盯着云雾,想要从中看到世界上存在的一切事物的人一样;或者更正确地说,他们像一群盲人硬要眼睛好的人待在黑暗之中,拉人家后退到他们的水平。

我建议把古代史分为两个部分:第一部分是从人类的起源到摩西;第二部分是从摩西到苏格拉底。

摩西以前的事情，在历史学家面前，像被盖上了一张看不透的苫布；只有生理学家的物理眼力，能够穿透这张厚厚的苫布。

从摩西到苏格拉底的历史事件，非常模糊不清。传说中尚有很多空白，编年史很不完整。然而，历史学家对埃及人为希腊人的艺术成就预作准备的十个世纪，可以绘出一幅相当有意思的图画。不过，这一部分历史从来没有编得很好，因为自以为能够胜任的人，更愿研究近代史。近代史的题材最有意思，第一流的画家都把自己的画笔用于最有意思的题材。

我建议把近代史也分为两个部分：

第一部分：从苏格拉底到穆罕默德；

第二部分：从穆罕默德到我们现在。

我首先是使这种分期法把时间分为两个相等的部分。从苏格拉底到我们现在共经历了两千二百年，即从苏格拉底到穆罕默德一千一百年，从穆罕默德到我们现在又是一千一百年。

两个时期的长短完全相等，是以人类理性发展中出现的重大变化为依据的。

苏格拉底发现的矿藏，开采了一千多年之后，已经枯竭了。在第五世纪，以信仰虔诚和善于词令见称的最后一个一神论者奥古斯丁[①]死了，罗马帝国也衰亡了。

西方部族的殖民地，无论是建立在欧洲的还是建立在非洲的，都陷入沉睡状态。人类的理性似乎停止活动了，个人的智力似乎

---

① 奥略里·奥古斯丁（Aureleus Augustinus，354—430 年），基督教神学家和唯心主义哲学家，宗教世界观的狂热宣传者；生于北非的塔加斯特，曾任北非希波的主教。——译者

达到了极限,然而这些都是迷惑人的假象。阿拉伯人正在崛起,10世纪末叶,他们提出了两大创见:一个是政治上的,另一个是科学上的。他们改变了人类理性的进程。

在 7、8、9、10、11 和 12 世纪,阿拉伯人在政治和科学方面都是第一流的民族。13 世纪以后,他们才不再成为人类的先锋。

罗吉尔·培根出现于 13 世纪,在物理学和数学方面他是第一个超过阿拉伯人的欧洲人。

罗吉尔·培根以后,欧洲人在物理学和数学方面的进步从未间断。

从 13 世纪起,欧洲的物理学和数学就取得日益压倒神学的优势。

从 13 世纪起,欧洲人就比亚洲人和非洲人更加努力于物理学方面的研究,从而日益处于领先的地位。

欧洲人之发现美洲,应当归功于物理学和数学的发展。

美洲的发现,使欧洲成为世界的宗主国。

一千一百年以来,人们对物理主义(Physicisme)的研究日益关心,而对一神论的研究则逐渐荒废。我认为,这足以作为我对近代史分期的根据。

一部好的近代史,应集中精力讲述从苏格拉底到穆罕默德时期的一神论者著作和从穆罕默德到现代的物理学家著作。

前面说过,我们还没有一部编得很好的历史,甚至连一部好的历史年表都没有。目前最好的历史年表要算朗格勒·杜弗雷斯诺阿编的那一部;这部年表所载的事件,有四分之三是有重大意义的,但还有许多极为重大的事件未被列入。它根本没有提到阿拉伯人的科学发明,只是提了一下阿拉伯人的军事成就。

法国科学院开始感觉到有必要编写一部阿拉伯人的历史。它鼓励著作家从事这方面的工作,而且已经收到有关这方面的几份重要报告。

阿拉伯人的历史应分为两个部分:政治史和科学史。

沃尔涅[①]先生说:"必须把现代的阿拉伯人同阿尔-马蒙和阿尔-拉希德时代的阿拉伯人严格区别开来。而且必须承认,人们对他们夸得太过分了。他们的帝国倏然即逝,不可能在科学上作出重大发展。我们今天在欧洲列强见到的情况证明,没有几个世纪的时间,人们是达不到目前的发展的。再说,我们从阿拉伯人的著作中可以看到,人们不是翻译希腊人的东西,就是复述希腊人的东西。他们固有的和仍在从事的唯一科学,就是关于他们的语言的科学;但是研究语言,并不能理解以探索观念的历史而改进描写技术为本义的哲学精神。就穆斯林而言,学习阿拉伯语的目的只与宗教有关,所以他们思想狭隘,只知道《古兰经》是真主亲口传授的。"沃尔涅先生在这里犯了严重的错误。

我奉劝沃尔涅先生研究一下 9、10、11 和 12 世纪阿拉伯人在西西里和西班牙写的科学著作。这样,他就会看到:在这个期间,阿拉伯人是唯一从事科学工作的民族;他们在那时,就开垦了我们现在耕耘的科学大地;他们是物理、数学、化学和生理学的奠基人。我确信,只要查阅一下埃斯科里亚尔修道院[②]的藏书,就能使他改

[①] 康斯坦丁·弗朗斯瓦·沃尔涅(Constantin François Volney,1757—1820 年),法国资产阶级启蒙运动者,制宪会议和国民公会的成员,曾到中近东考察。——译者
[②] 位于西班牙的卡斯蒂利亚,建于 1563—1584 年,是欧洲最瑰丽的建筑物之一。

变看法。

十分遗憾,这位作者以错误的观点去考察人类理性的近代史。因此,他在写作方面也落后于时代。他所处的时代最有利于编写历史,但他却没有利用这个条件。他有杰出的天赋,除学识渊博之外,他还有强劲生动的文笔。没有一个人比他更适合于使学者们集中精力,专门去研究有利于解释最近几个世纪欧洲的发展的重大事件。

十二、关于一般观念的发展

物理科学的飞跃发展及其对神学所取占的优势应归功于涡流体系。

假如笛卡尔知道万有引力定律,他所建立的体系该会多么卓越、多么清晰、多么令人满意!

这位哲学家该会多么精力充沛地去描绘他的见解的独创性!他说:"给我物质和运动,我就给你创造出一个世界。"

笛卡尔该会多么高瞻远瞩地去指导他的研究工作!他感到,实证哲学应当分为同样重要的两个部分:无机体物理学和有机体物理学。他断定,只有对这两方面具有丰富知识的人,才能创造出一级的观念。他研究过解剖学、动物学、病理学、卫生学;一句话,他研究过生理学的各个部门。他关于人的论述最为深刻,任何前人的这类著述都无与伦比。

埃及人崇拜日月星辰和山川河流,也崇拜某些植物和动物。他们认为这些东西对世界上的事情有重大影响,所以相信世界是由这些东西支配的。在他们看来,这些东西就是初始原因。

希腊人荷马①把各种道德品质都奉为神明。奥林帕斯是负责管理宇宙的最高会议。

后来,苏格拉底想出了一个把奥林帕斯的一切权力都集中于唯一的存在者身上的观念。他声称:有一个上帝,上帝支配着一切事物,不管是事物的总体还是事物的一部分,都受上帝的支配。

最后,笛卡尔说:上帝创造了宇宙,并使宇宙服从一条恒定不变的规律。

笛卡尔排除了一切神启观念和一切盲目信仰。他鼓励人们学习,指责只有懒汉才依靠信仰。

可见,在一般科学方面,人类的理性最初是认为有许多各自独立的原因存在的。

接着,人类的理性便接受了多数原因的观念,认为多数原因是同一整体即睿智(Intelligence)的各个部分。

随后,人类的理性上升到认为只有一个普遍的和单一的睿智即上帝的观念。

最后,人类的理性感到,上帝和宇宙之间的关系是不可理解的和无所谓的(因为上帝虽然预见到将要发生的一切,但丝毫未能改变他所建立的秩序,所以说这种关系是无所谓的),这才不得不去研究事实,并把本身发现的最一般事实看作所有现象的单一原因。

一般观念每经一次完善,总是先具有哲学的性质,后有科学的性质,最后才带上宗教的性质。在它变成迷信以后,也就毫无价

---

① 荷马(Homeros),古希腊诗人,他的《伊利亚特》《奥德赛》等史诗最为有名。——译者

值了。

在西塞罗指出"他无法理解两个占卜者怎么能面面相觑而不笑"之后不久,一神教就取代了多神教。

按发明人①原来的规定,神的单一性的观念系哲学观念。后来,柏拉图和亚里士多德开始赋予这个观念以科学的形式,使这一观念逐渐完善而终于获得导致基督教的建立的性质。

我认为,笛卡尔用推理和观察取代了信仰,并由此建立起他的观念体系,但他缺乏用来组织这个体系的事实。因此,我想说他根本没有找到一般事实。

笛卡尔以后,最著名的两位学者是洛克和牛顿,他们收集了许多宝贵的材料,但不懂得如何应用它们。

人类理性在这一时期出现的一般观念的改进,是从培根开始的。培根在他的著作中赋予一般观念以纯哲学的性质,而笛卡尔则开始赋予它以科学的性质。正如我所说的,洛克和牛顿发现了给一般观念永远打上科学性质的印记的方法。一个新体系的建立,需要有利的环境。

杰出的思想和伟大的科学革命都是精神发酵的结果。伟大的人物就产生于这种精神发酵。当笛卡尔建立他的体系的时候,人类理性还完全处于路德所掀起的动荡之中。英国的革命风暴刚刚结束,洛克和牛顿就出世了。试想法国革命引起的发酵又要产生多么惊人的科学成果呢?

---

① 指苏格拉底。——译者

十三、关于宗教

我所遇到的文人,都持有下述的四种见解之一。下面,我来说说我对这些见解的看法。

第一种见解

有人数相当多而且非常热心的一批人,竭力使基督教恢复其初期的活力。波纳德[①]和夏多布里安是这一批人的首领,这第一种见解就是他们的见解。前者曾以其毕生精力和多方推理来发挥和支持这种见解,后者则曾以其横溢的才华来发挥和支持这一见解。我要驳斥他们的论调,指出他们的所有观点都犯有的重大错误。

西塞罗在其《论神性》的第三卷第一章中说过:

"我要永远保护它(宗教仪式),我以往也一直保护过它。无论是博学者的演讲还是无知者的议论,都不能使我放弃祖传的有关敬奉永生诸神的信念。在谈到宗教时,我拥护柯伦克尼乌斯、西庇阿、斯采沃拉等大祭司的意见,而反对芝诺、克吕西波或克雷安德等人的见解。我同意占卜者列里乌斯这位聪明人的说法,在宗教问题上,我更喜欢倾听他在其著名演讲中发表的高见,而不愿去听斯多葛派的任何主要人物的意见。

"既然罗马人的整个宗教分为祭祀和占卜两项,所以我对希维

[①] 路易-加布里埃尔-昂布鲁瓦兹·波纳德(Louis-Gabriel-Ambroise Bonald,1754—1840年),法国政治活动家,保皇派,复辟时期的贵族,教权主义反动派的思想家之一。——译者

拉解释者和内脏占卜师预言的凶吉,从无蔑视之意。我坚信,罗慕路斯根据内脏占卜和努玛根据宗教祭祀奠基的我们的城市,如果不是由于崇敬永生诸神,绝不会赢得如此崇高的荣誉。"①

西塞罗想同文明进步对抗。他丝毫没有阻止了人类理性的发展,而只能向后人征明他的思想未能上升到头等见解的高度。

鲍修哀②在对英国女王的悼词中也犯了同样的错侯。他盛赞女王竭力使其丈夫和英国人民继续接受教皇奴役的方针;但经验证明,英国人在路德的旗帜下前进是完全正确的,因为他们沿着这个方向前进,终于占据了人类前锋的地位,而且长达一个多世纪。现在,他们虽然把这个地位让给了法国人,但他们毕竟占据过一个多世纪。

夏多布里安先生自觉荣幸地覆蹈了狄摩西尼③以后的两大演说家的错误。

从一神教建立到15世纪,教士在才干和品德方面都大大超过俗人。披荆斩棘、开垦荒地的是教会人士,辨读古代手稿的也是他们。他们教给俗人读书写字。他们努力使一切推理从一个基点出发又回到一个目的地,从而促进了形而上学的发展。14世纪以前,在物理科学和数学方面,没有一个欧洲人超过了罗吉尔·培根,而罗吉尔·培根正是一个教士。最初建立医院和近代学校的是僧侣阶级,组织欧洲各族人民抗击萨拉森人的也是这个阶级;随

---

① 这段引文是按拉丁文译出的。——译者
② 雅克-伯尼涅·鲍修哀(Jacque-Bénigne Bossuet,1627—1704年),法国神学作家和教会活动家,天主教反动势力和专制政体的思想家,大演说家。——译者
③ 狄摩西尼(Demosthenes,公元前384—前322年),古希腊的大演说家和政治活动家,雅典的反马其顿派的领袖。——译者

后,僧侣阶级又决定到亚洲和非洲出征,而出征是迫使萨拉森人不再企图扰乱欧洲安宁的唯一手段。

才干总要得到应有的报酬。如果说有些人生前没有得到应得的荣誉,那是由于公众还未能对他们的工作作出评价,他们就死去了;但是他们的存在了许多代的团体,总能收获他们的劳动果实。

从 7 世纪到 14 世纪,僧侣阶级一直得到应得的报酬:他们的权势、名望和财富不断增加。如果说从此以后他们的权势、名望和财富有所减少,那是由于世俗学者在科学方面超过了他们。

扼要地叙述人类理性在宗教方面的成就,可使我的上述观点大放异彩。

自从人类理性上升到区分因果之后,就有了宗教体系。到史籍中去寻找原始宗教的细节,那是徒劳无益的,因为原始宗教和符号体系是同时产生的,而历史家不可能在符号体系完整地形成之前从事写作。

关于埃及人的起源和他们以前的一些民族的习俗,我们没有任何令人满意的史料;不过历史给我们提供了研究从埃及人到我们现代的宗教观念演变的手段。

埃及人崇拜日月星辰、山川河流和某些动植物。他们认为,其中最为神奇莫测的,具有支配世界的权力。

后来,希腊人中出现了荷马。他改进了宗教体系。他的丰富想象力,把人的每一种能力都人格化了;然后依靠他的才智,又把它们神化了。

接着,苏格拉底把荷马创造的一切汇合到一起,得出唯一存在者的观念。他发明了上帝。这位哲学家教导弟子们说,人必须把所有的一切都看作单一原因的结果。

苏格拉底的观点广为流传,到耶稣出世以前,所有的学者都采纳他的观点。

耶稣生于苏格拉底之后五百年。耶稣为人忠厚,豪迈坚强,热情奔放,倾心于美好高尚的事业,然而没有学识。他在一神论的基础上创立了基督教。他把自己的热心于事业的情操传给了弟子,但没有给他们留下一本教理。

保罗是耶稣的弟子,天赋杰出,受过教育。保罗既精通苏格拉底的哲学,又熟悉苏格拉底死后由学院派和逍遥派创造的一切知识,从而建立了基督教的教理体系。

保罗的弟子走遍四方,到处传播新的宗教。他们特别致力于世界首都[①]的居民改信基督教。他们在罗马建立了一所大学堂。这个一神论倡导者的团体(名为僧侣集团,即学者集团)斗志昂扬,反对罗马人的腐败风尚和蛮族入侵意大利时带来的残暴习俗。

僧侣是建立欧洲联盟的纽带。这条纽带,使欧洲联盟的势力超过了以往存在的任何联盟,因为这个联盟征服了地球其他部分的一切居民。

希尔德布兰德担任教皇时期,僧侣集团的势力达到了顶峰。从此以后,僧侣的权力开始削弱,但削弱的速度是缓慢的。僧侣失去他们对俗人的权势,正像海潮退出所淹没的陆地一样:有时失去的很多,有时又几乎全部恢复。只是从15世纪起,这项权势才迅速地衰落下去。

---

① 指罗马。——译者

阿尔-马蒙哈里发执政时期在巴格达初放曙光的科学新时代，到15世纪也在意大利赫然出现。艺术有了新的发展。拉斐尔、米开朗琪罗、达·芬奇对此作出了贡献，他们三个都是世俗人。不久，马基雅维里①揭穿了教廷活动的内幕，说明了它的政治权术的章法。他证明说，僧侣们宣讲的原则，同他们策划维持权力的手段的原则毫无共同之处。他证实说，僧侣们只关心他们自己的利益，已不再为科学的进步从事有益的工作。

随后，哥白尼出世了。他对太阳系各行星的位置和运动作出了新的解释。开普勒给几何学家们指出了计算太阳系行星位移的法则；伽利略应用了哥白尼和开普勒的观点，他说："地球在转动。"

教廷听到这句话后，便以全副武装反对革新者。这一击打中了教廷的要害。教廷集中全部力量来反驳这句话。教廷说："地球不可能转动，因为约书亚②命令停动的是太阳，而不是地球。《圣经》上多处证明，地球是宇宙的中心，所有的一切都是为了人而创造的等等。"从这以后，一神论的僧侣便迅速衰落下去，以致最普通的思想家都能解释的事情，僧侣们却困惑不解。显而易见，耶稣和他的追随者们对宇宙的结构并没有任何清晰的观念。同样明显的是，僧侣们做为神圣戒律的托管人，并没有能够使他们承托的保管物得到改进。

16世纪末叶，科学的天际又出现两颗新星。培根和笛卡尔动

---

① 马基雅维里（Nicolò Machiavelli，1469—1527年），意大利政治活动家，历史学家和作家，资本主义生产关系发生时期意大利资产阶级的思想家之一。——译者

② 约书亚是摩西的继承人，命令太阳停动的故事，见《约书亚记》第十章第十二节。——译者

摇了旧有的知识大厦的整个基础。他们研究人的智力,把它送进坩埚里冶炼。他们宣布了一条反基督教的真理:人只能相信理智认定的和经验证实的事物。

这两位天才很快又在各个次要领域开辟了新的思维渠道。各种研究院相继建立起来。世俗学者的团体虽然还很不完善,但已战胜了僧侣集团。前者在各个科学领域都超过了后者。

17世纪末叶,鲍修哀曾使教廷产生恢复失去的权威的希望。鲍修哀大肆攻击不信神的人,但他只是把教廷的武库输得精光。神学家并没有取得持久的胜利,物理学很快就恢复了优势。①

---

① 任何天才死后都要留下一大批遗产。尽管这些遗产不能总是产生他们希望的效果,但效果总是很大的。

鲍修哀想延长一神论的寿命,使基督教返老还童,把人类理性推向完全相反的方向。他想拖住人类理性进步的后腿,但事与愿违,他的努力反而促进了人类理性的发展。

鲍修哀给天主教僧侣挖掘了坟墓。他使教廷还能支配的唯一力量削弱了。他是法国大革命的真正发起人。我所说的似乎自相矛盾,而且我也有这种感觉,但真理有时可能不像真理。我希望我下面的解释,能使没有偏见的人满意。

鲍修哀的一切悼词和著作都是"在上帝面前人人平等"这个观念的发展。

鲍修哀以其惊人的才华使人们普遍注意到平等的观念。这样,他就传播了革命的思想,因为革命不外是下层阶级急切要求建立平等的行动。

革命是可怕的坏事,但又是不可避免的坏事。人类理性的巨大进步正是严重危机的结果,而理性的进步又在酝酿新的危机。人民总是要起来造反的:一方面,每当统治者的学识与其权力不再相称时,人民就要起来造反;另一方面,每当被统治者不再愚昧无知而反对其所处的从属地位时,人民也要起来造反。现政府是非常强盛的,一则是因为统治者在学识方面远远超过了被统治者,二则是因为有一位精明强干和富有天才的杰出领袖。

革命的目的就是缩小社会各阶级之间的不平等。

在革命中起过积极作用的人物,如果以后不能使其追求平等观念的狂热冷静下来,那是非常不幸的。

我还认识一些法国的共和主义者,他们对人们至今未能放弃这种革命观点感到非常遗憾。

培根和笛卡尔说,物理学家必须研究一般事实。

牛顿发现了一般事实。

当牛顿的发现在欧洲相当广泛地传播开来的时候,法国的世俗学者就联合起来,向基督教发起了总进攻。他们编纂了百科全书,并通过编入该书的论述人类知识的各个部门的著作证明:在笛卡尔的推动下完成的研究工作,远远超过了根据耶稣发明的信仰体系所编写的著作。他们指出,万有引力的观念应当是新科学体系的基础观念,从而也应当是新宗教体系的基础现念。

天主教僧侣的威望和财富在大革命中全部丧失了。他们今天的存在只能是从属的和不稳定的,完全受政府的支配。

我认为,以上对人类理性的进步作用的概述,完全证明波纳德先生是错误的。尽管他的著作有重大缺点,但我认为在近几年来出版的书籍中,它还是最有价值的。我的意思是说,他的著作富有生命力,值得赞扬,可激发学者和著作家的热情,使科学和文学焕发青春。

读完波纳德先生的著作,经过周详思考,我确信这位著作家深刻地认识到体系的单一性的效用,因为他曾努力向同胞们证明,在目前的文明阶段,科学著作和文学作品应以单一性为基础。

在这方面,我完全同意波纳德先生的见解,但反对他对一神论的宣扬。我不认为他的这个见解有很强的单一性。我认为只有万有引力的观念才有这样的单一性。关于这个问题,我将在《关于原因的单一性》一节中发挥我的见解。

第二种见解

我知道,有些人虽然相信宗教对维持社会秩序是必要的,但他们却认为一神论已经衰老,而以一神论为基础的宗教也不可能返老还童了,因此他们努力建立以物理主义为基础的宗教。这种人犯了一个重大错误,即不知道现在还没有成立新宗教的可能。现在,只能按政府的意思行事,即只能在不同派别的一神论者中间实行妥协。

我认为,试图现在成立新宗教,就像一位画家不等画布织成,就想在纺织画布所用的纱线上构思画面一样。

第三种见解

以上所说的两种见解是我所知道的最有名的见解,但并不是拥护者最多的见解。绝大多数学者很少关心宗教观念。他们对宗教观念的冷淡,证明了拙著所提出的真理。

人类理性一直是把主要的注意力轮流交替地集中于一般科学和个别科学之上的。

目前,学者的注意力主要集中于个别科学。

宗教是一般科学的应用集成,有文化的人用它去统治愚昧无知的人。

每一年龄各有它的特征,每一组织各有它的寿命。

同其他所有的组织一样,宗教也要衰老,到一定的时候必须更新。

任何宗教起初都是造福人类的。只要神职人员不再受反对派的牵制,只要他们不再遵循创建人指出的科学方向去进行发现,神职人员就要滥用职权,而宗教也就变成压迫人的工具。宗教变成压迫人的工具以后,就要受到人们的蔑视,而神职人员已经获得的威望和财富也要丧失殆尽。

以上所述，完全驳斥了学者当中流传相当广泛的一种偏见：许多学者担心神职人员会逐渐恢复他们失去的权势。这种顾虑是没有任何根据的。其实，应在人类理性促使新科学体系作为新宗教的基础而取得相当进展以前，不使天主教的神职人员丧失政府对他们的少量支持才是。

我的见解

我的见解不外是我对皇帝的部署所作的考察的撮要。

我认为，为维持社会秩序，需要有宗教；我认为，一神论已经衰老，而物理主义还建立得不够巩固，不能作为新宗教的基础。

我认为，形势要求有两种不同的学说：对有教养的人讲物理主义，而对愚昧无知的阶级则讲一神论。

在从多神论向一神论过渡的时候，即从苏格拉底到保罗的那个期间，人类理性有五百多年就处于这种状态。在这个期间同时并存两种学说：学者都是一神论者，而愚昧无知的人则信仰多数神。

我的行为符合我的见解。我致力于改进物理主义，但没有公开发表我的观点。我只把自己的观点告诉教养有素的人，让他们用这种观点去研究事物，而对社会暂不作任何宣传。拙著并不出售，也不在报刊上转载。我已将拙著付印，但印数甚少，而且只分给最可靠的人。最后，我对一神论表示敬意，因为无论是现在或将来，它仍将长期作为群众的学说而存在。我说我现在持这种态度，这是实话，但我并不说我过去一直持有这种态度，因为在皇帝的部署使我排除错误认识以前,我一直是持着完全相反的态度的。

十四、关于原因的单一性

当人类理性从多数原因的观念过渡到单一原因的观念的时候,当人类理性突破多神论的界限而进入一神论信仰的时候,人类理性终于迈出了重大的一步,但并没有达到其完善的极限。

不难证明,一神论是大大落后于文明现状的信仰。也不难确信,人类理性最近几个世纪以来在数学和物理学方面取得的巨大进步,应当归功于对上帝信仰的冷淡。

伽利略、培根和笛卡尔所以承认自己是有神论者,是因为他们不愿意冒犯公众的见解,也是因为这几位巨人办事很有条理,在新体系没有完全建立起来以前,他们不愿意彻底抛弃旧体系。

如果没有神启的观念,上帝的观念又会是什么呢?是一个毫无意义的观念。每一项科学发明都证明所谓的神启体系是一种错误,因为上帝的观念不过是一般化了的人类智能的观念。肯定有人会反诘我说:牛顿给《启示录》作过注释。我请读者回想一下我在第二节中关于牛顿所谈的一切。我在那一节中曾明确指出牛顿只是一个研究事实的人,他根本没有上升到一般观点,或者更确切地说,他没有研究过一般科学。

让我们来考察一下上帝的观念,让我们来研究一下人们对这个观念所下的定义,让我们论证一下形而上学家对这个理想所作的描绘。

对上帝所下的一切定义和所作的一切描绘,都不外是认为:

上帝是一个精神的存在,上帝是永远的、永恒的、无限的;上帝预见得最高,它能看到一切和支配一切。

一个有神论者可对这个定义作出随心所欲的注释。但是不管他怎么发挥,总不外乎列举已知的各种智能,再把每种智能提高到极限,最后把所有的智能集合在一起,组成绝对的完善,以作为上帝的独一无二的特征。

我认为,上帝这个观念的组成部分是互相对立的,使这个观念成了彼此矛盾的感觉的大杂烩。其证明如下:

如果说上帝是纯精神的存在,则它的存在就是思想。但是,既然上帝预见得最高,那它就只能思考(预见)一次,通过这一次思考预见到将要发生的一切。因此,上帝的存在只能是在一次思考的时间之内,此后它就不再存在了。

即使上帝依然存在下去,它也不再支配世界了,因为世界是由它创造出来的,而它在创造世界时已把一切全都预见到了;因为世界在创造的初期和以后都是完美无缺的,从而不需要受支配。

上帝的观念不具备单一性,因为对不知道上帝的人宣讲这个观念以前,必须先确认有两种现象,即精神现象和物理现象,或称物质现象和非物质现象。我们说,上帝是其中的一种,而且也只能是其中的一种。这样,上帝和与它性质不同的现象之间就不能有任何关系。

上帝的观念既然矛盾百出,则对它的一切应用也就必然矛盾百出。

人类发明了上帝之后,就把自己看作非常重要的存在,认为宇宙是为人类而创造的,以为他们所居住的星球是宇宙的中心,觉得日月星辰都围绕着地球转动并为它照明。在今天看来,这些观念当然都是荒谬的。

物理主义就没有一神论的这些缺陷。

物理主义既有明显的单一性,又易于通过对数列前项的考察而使人信服。

宇宙是一个充满运动着的物质的无边无际的空间。物质以两种形式,即固体形式和流体形式而存在。

被称为物理现象的现象,属于"固体现象"。

被称为精神现象的现象,属于"流体现象"。

我说,而且我认为已经证明,在物理学中绝不应使用上帝这个观念;但我并不说,在政治工作中不应当使用它,至少在很长一段时间内是如此。上帝这个观念是人们用来说明最高立法依据的最好手段。必须从物理主义的观点来观察一切和研究一切;学者们确立的科学见解,今后必须具有不可侵犯的形式,以便能够向所有阶级的儿童和不同年龄的老百姓传授。

十五、 关于道德

最常宣讲的道德准则,是《福音书》上的道德准则:

己所不欲,勿施与人。

我认为:

一、这个准则是消极的,从而只有间接的强制性;

二、对个人本身,它并没有强制性。社会上的孤立的个人,能用这个准则干什么?

我建议用下面的准则取代《福音书》上的准则:

人应当劳动。

从事劳动的人是最幸福的人。所有成员都会有效利用时间的家庭是最幸福的家庭。闲散人员最少的国家是最幸福的国家。假如没有游手好闲的人，人类一定能够享受到他们所追求的一切幸福。

我认为必须赋予劳动的观念以它可能有的最广泛的含义。同壮工挖土和脚夫挑担一样，任何一个公务人员，任何一个从事科学、美术、工业和农业的人，也都在积极劳动。但是，一个食利者，一个没有职业又不亲身组织必要的劳动利用其财产进行生产的财主，同布道的教士一样，都是社会的负担。

在科学园地耕耘的人是道德最高尚的人，而且也是最幸福的人，因为他们的工作对全人类都有益处。

立法者必须保证私有财产的自由使用。

道德家必须推动舆论谴责无所事事的财主，使他们名誉扫地。

天主教徒一定会答复我说：《福音书》就谴责游手好闲的人。

我要对他们说：人们表达自己的观念时所采取的先后次序决定着他们所研究的每个观念的重要程度。在牛顿以前的任何一个时代写出的物理学著作，没有一部不谈到物体的引力问题的。难道我们可以说牛顿在论述万有引力的时候就没有谈出什么新东西吗？

牛顿在叙述别人已经谈过的事情时提出了什么新东西呢？牛顿使一个次要的观念具有了占据优势的特征。

把万有引力的原理提到第一线的这一行动，使物理学观念更加协调了。新原理一经建立，道德方面也将产生同样的结果。

十六、关于教理课本

数理课本分两个部分：

第一部分告诉人们世界是怎样形成的。

第二部分教给人们以做人的方式。

在所有的书中，教理课本是最重要的书，因为它是联系社会各阶级的知识纽带。

目前使用的教理课本毫无价值。其中关于世界创造的内容完全违反了人们关于世界体系的既有知识；其中起主要作用的道德准则只是一些次要的原则；而应当放在第一位的准则却同那些次要的原则混杂在一起。

我说目前所用的教理课本毫无价值，但我并不说，而且也不认为，教理课本在问世的当时就是一部低劣的著作。我认为，文人们不应当去扫除教理课本目前还享有的那一小点威信，而应当在足以取代它的著作出现以前，尽力使它仍然得到的尊重延续下去。

现在和将来我仍要一再重复：我赞成政府的宗教政策。我对这种光明磊落的施政态度所表现出来的英明伟大钦佩得五体投地。我对皇帝怀有这样的热爱和感激之情，正如一个心地善良的小学生在听懂讲课以后，对卓越的老师表示的感情一样。

最初的教理课本只能是一部概要性的汇编。而在今天，能使有教养的人民接受的唯一的教理课本将是创立物理主义的百科全书的最简明摘要。有了一部好的百科全书，才会有好的教理课本。

十七、关于僧侣阶级

亚历山大·法尔内塞[①]说的有理,没有比胆小怕死的士兵和不学无术的教士再令人讨厌的了。

僧侣阶级要有作为,就必须有威信。要有威信,就必须有学问,就必须成为最有学识的团体。

假如神职工作一旦由研究数学和物理学的世俗学者团体掌管,试想由这些人组成的僧侣团体该会多么有威望,该会多么有好处!

一个农村的本堂神甫如果懂得几何、物理和生理,无疑会对他的信徒很有好处。帮助农民丈量土地往往能解决争端;懂得物理就不会在乌云荷电期间敲钟;有化学知识,在淘井而怀疑井内的空气有问题时,会先点着一支蜡烛系在绳子上放下去,然后再决定是否可以下去人;学会生理学往往可以把自己的知识成功地应用于保健工作。

僧侣阶级不仅要有学识,而且要品行端正。任何人在观察社会的各阶级时都会发现,研究物理和数学的人是品行最端正的社会阶级。

我清楚地看到,神学家的权力将要转到物理学家手中,而且就在当代可以实现;但我完全不能肯定,这一过渡将在什么时刻和以什么方式实现。

---

① 亚历山大·法尔内塞(Alexander Farnése,1545—1592年),西班牙统帅和政治家,1578—1592年任尼德兰总督。——译者

我寄希望于研究人类理性的巨著,期待伟大的拿破仑发表意见,他的意见是引导我的研究工作的灯塔。

十八、关于学者的学说和公众的学说

从苏格拉底到基督教的建立,其间存在两种学说。学者们相信单一原因,所以他们是一神论者;人民大众信奉多神教,所以他们认为有许多各自独立的原因。

从基督教的建立到现在,只有一种学说。在这个期间,学者们和人民大众都是一神论者,所以我说从基督教建立以来,学者们和人民大众都是一神论者。一般说来,这个观点是正确的,然而必须多少作点保留,以便进一步提高它的准确性。

从基督教的建立到阿拉伯科学的引进,其间只存在一种学说。阿拉伯人传入欧洲的代数学、天文学、化学、生理学等科学是新学说的主要成分。仔细考察人类理性史,可以看到在阿尔-马蒙哈里发执政时期,人类理性在创立即将出现的科学学说方面已经作出初步的努力。从阿尔-马蒙哈里发执政时起,进步的学者就已不断为创立科学体系而努力。随着科学体系的创立工作的进展,学者们就不再是热心的一神论者了。他们对上帝的信仰热忱不断减退,但还没有完全消失。有理智的人,在新房子建成以前绝不会离开旧居。一个聪明人,在他想建立的体系完全建成以前不会放弃祖先留给他的体系。

伽利略、培根、笛卡尔、牛顿和洛克的信条都宣布他们信仰上帝;然而,他们也在为建造新科学大厦热情而卓有成效地工作。

要使学者们完全放弃一神论,必须具备下列三个条件:

第一个条件是,找到可以作为物理体系的基础的单一观念。牛顿以发现万有引力的观念,满足了这第一个条件。

第二个条件是,证实所找到的观念、事实或原则(在这里,这三个词是同义语)的准确性。拉格朗日和拉普拉斯两位先生满足了这第二个条件。

第三个条件是,把所找到的一般观念、事实或原则同次要的观念、事实或原则联系起来。

我现在就是为满足这个条件而努力。

我认为,一直存在着两种截然不同的学说:学者的学说,学者将成为物理主义者;人民大众的学说,他们仍将是一神论者。我这样说是有根据的,因为皇帝在其最近的部署中表示过这种见解。

在答复科学院数学物理部的提问时,皇帝说过:

"我希望你们研究一下人类理性的最近发展,以使所有国家都能理解你们将要对我提出的建议,并堵住现代诋毁者的嘴巴。这些诋毁者总是设法使人类理性倒退,好像非消灭它不可。

"我想知道,为了激励你们工作,为了我没有妨碍你们的工作获得成就而自慰,我还应当作些什么?我的人民的幸福和我的王位的荣誉,都与科学的繁荣昌盛息息相关。"

不多几天以后,皇帝就建立了法国教育署,并任命一位杰出的哲学家为署长。这位署长很会评价物理学者的工作,善于把物理主义所能提供的一切引进青年教育当中去,而又未扰乱社会秩序。

这样,经皇帝部署,便为两种学说划清了界限:

法国科学院负责建立和改进第一种学说;

法国教育署负责改进和讲授第二种学说。

十九、关于皇帝的才干

皇帝的才干只有后世才能评定得恰如其分,但当代人对此仍能多少有所了解。仅次于皇帝的最有才干的人显然是最崇拜皇帝的人。

在拿破仑的最高部署中,有三项是我比任何人都称赞的。它们是:

意大利王国的建立;

荣誉勋位团的创设;

两种科学机构的配合。

意大利王国的建立

人类在其整个生存期间分为两个阶级:统治阶级和被统治阶级。随着人类知识的纵深发展和广阔发展,统治阶级的人数逐渐增多,而统治阶级对被统治阶级的专横则逐渐减少。在今天,巨大的权力可能操在一个人之手,但这项权力不会是专横的,因为它只能操在杰出的天才之手。

凡是起来革命的民族都把他们的注意力集中于平等的观念。只有被统治阶级的智力超过统治阶级的智力时,平等的观念才能掀起革命。

结束革命的方法就是重新划分统治者和被统治者。尽可能推迟下次革命的方法就是在进行这种划分时尽量使统治者的智力优势远远超过被统治者。为了达到这个目的,目光短浅的人认为最好的办法是:剥夺被统治者享受教育的一切权利。

经验证明这种办法无济于事,其结果是采用这种办法的政府削弱了它所领导的人民的力量,从而使政府的处境每况愈下,最后走向彻底崩溃。然而至今还没有一个学者解决了下述问题:

应当如何划分统治者和被统治者,才能使被统治者有资格进入统治阶级,使统治阶级的文化水平永远超过被统治阶级呢?

皇帝在其建立意大利王国的方案中解决了这个问题。

王国的宪法极其英明地划分了统治者和被统治者。

统治者包括三个集团:不动产所有者集团、商人集团、学者和艺术家集团。

多么英明的创见!学者们为什么不把更多的注意力集中于这一创见呢?研究政治经济学的学者为什么不根据这一博施济众的观念重建自己的理论,从而完善自己的理论呢?为什么?我已经说过,现在我还要说,而且我要不厌其烦地证明:这是因为皇帝的才干远远超过他的同时代人,这是因为几个世纪以后人类的理性才能理解皇帝的观点,才能认识它的全部深刻含义。

我来深入考察一下皇帝对意大利王国的最高立法措施。

皇帝把意大利的臣民分为两个阶级:统治者和被统治者。他又把统治者分为三个集团。

由于统治者包括三个集团,所以保证了王国最有文化的人永远可以成为统治者。

三个集团是由两部分人组成的:一方面是动产和不动产的所有者即财主,另一方面是学者和艺术家。

财主对其子女的教育比较关心,所以他们的儿子一到继承父业的时候,都已有一定程度的教养,而且远远超过非财产所有者的普通孩子，从而可以毫无困难地加入统治集团。

智慧是强大的力量。学者和艺术家在这方面占绝对优势。这实在是畸形发展。许多学者和艺术家并不出身于财主家庭，而且他们本人也不是财主。为了保证社会安宁，必须让学者和艺术家加入统治集团，让他们在威望和享受方面得到令人满意的待遇。皇帝觉察到了这条真理，而发现、宣布和应用这条真理的也正是他。

荣誉勋位团的创设

人类理性只是通过危机而前进的，在人类理性的每次突飞猛进之前必有流血的革命。

平等的观念（从绝对意义来讲，这是个错误观念）是鼓动革命的重要杠杆。学者和艺术家想叫无知的人造反的时候，就是把无知的人联合在这面旗帜之下的。无知的人跟着这面旗帜前进，直至夺取政权。每当动乱达到这种地步的时候，每当动乱进入高峰的时候，只有强大的物质力量，即军事力量才能使无知的群众就范。但军事力量本身就有专横的倾向，所以革命的后果往往是非常令人讨厌的。深重的灾难几乎总是变得令人难以忍受。皇帝的天才改变了事物的这种秩序，使我们可以避免威胁着我们的灾难。荣誉勋位团是由对国家有贡献的各个阶级的出色人士组成的，它的建立压制了黩武精神。这是多么出众、多么深远的创见！

两种科学机构的配合

把学术团体分为两类，使一类负责科学发展，一类负责教育的观点,是出类拔萃的。由皇帝提出的这一观点,由他发现的这一真理,是我将要提出的各种科学的配合之基础。

二十、关于笛卡尔

皇帝需要一位能够理解他的计划并帮助他执行计划的科学助手,他需要第二个笛卡尔。有了这样的科学领导,学者们的工作必然产生惊人的效果。

笛卡尔的才华并没有受到应有的重视。只有盖纳德[1]一个人比较恰当地谈论过笛卡尔的才能。下面举出他的一般很少有人知道的论述:

"除了极少数例外,每个人的思维活动都受他人的影响,所以他们的一切论据基本上是由从周围收集来的许多他人的判断构成的。因此,人民当中的一些奇怪见解,学者们的往往是荒谬的说教,一些团体的宗旨及其偏见,宗派的派性和狂言,就代代相因下来。所有的这些思想,从老人和老师的头脑中出来之后,立即进入小孩和学生的头脑,而小孩和学生长大以后,再把它们传给盲从的后继人。根据自己的观点进行判断,做自己思想的真正主人,才是表明自己的智力优越的杰出天才。最常见的是相互对立而又各不承认的错误,甚至在哲学家当中也是如此。一般说来,哲学家的全部学识都是从别人借来的见解,他们像老百姓摆脱不开传统一样,也无力摆脱别人的见解。能够独立思考并让别人跟着他思考的名

---

[1] 安托万·盖纳德(Antoine Guenard,1726—1806年),法国耶稣会士,文学家。——译者

人是屈指可数的。只有这样的人,才能昂首阔步前进;其余的哲学家,只能像一群羊一样跟着他走。人类和科学长期处于幼稚状态,难道不应当归罪于理性的这种颓废吗?盲目崇拜古人的哲学家们,二十多个世纪以来,代代跟着老师原地踏步,停滞不前。于是,理智沉默无言,让权威讲话,但对于宇宙并未作出任何说明,人类理性跟着亚里士多德的足迹蹒跚了两千多年之后,仍然距离真理很远很远。

"终于在法国出现了一位能干而勇敢的天才,他努力摆脱学者大人们的枷锁。这个新人向他人指出:要做一个哲学家,只是师法还是不够的,而且必须思考。这句话震动了所有的学者,因为 ipse dixit(老师说过)这句古老名言当时还有很大作用。这句提倡奴性的名言激起了全体的思想懒汉去反对正派的哲学的这位创始人,认为他是标新立异,大逆不道,而加以迫害。结果,笛卡尔不得不带着他那可惜生来就不是古老的真理的真理,逃亡国外。然而,不管无知之辈怎样诅咒和狂怒,他始终拒绝承认古人是理智的权威;他甚至还证明,迫害他的人什么都不懂,他们应当放弃自以为是的一切。他不向死去的和被奉为神明的学者讨教,而只求援于明确清晰的观念,即要求合乎事理和有凭有据。他通过沉思,把几乎所有的科学从混乱中拯救出来;他还以其杰出的天才,指出各门科学之间应有的相辅相成关系,把各门科学联系在一起,使一些科学建立在另一些科学之上;然后,他站在这个高度,集中人类理性的全部力量,去发现使后来的人沿着他开辟的光明大道更容易深入研究的伟大真理。于是,这个人以其英勇坚强的精神,在科学界引起了一场令人庆幸而永志不忘的革命。但我们今天身受其益的人,却忘恩负义,自以为了不起。科学需要具有这种性格的人,他敢于独立思考,以其天才反对理智世界的旧日暴君,打倒千百年来崇拜的偶像。虽然笛卡尔同其他哲学家一起都被关闭在迷宫之中,但笛卡尔却给自己装上了翅膀,从其中飞了出来,给被囚禁的理智开辟了新的道路。"

这位伟人的另一个特点是:他有能力掌握一般原则,并利用类比的方法把观念相互联系起来。

这个突出特点,首先反映在其所有的纯属哲学方面的著作当中。

"我感到(盖纳德又说)一位杰出的天才把我的认识大大提高,使我的理智不再徘徊于小事,好像突然处于高超的境界,从那里俯瞰基本真理,而我尚不了解其关系的千千万万的个别真理,就像树枝附着于树干一样,都附着于我所俯瞰的基本真理之上。平庸的哲学家永远是陷在琐碎细节之中,他们没有上升到原则的能力,只在千千万万条的混浊不清的小溪中寻觅,结果迂回迷途,消失于荒原旷野。"

"只有那些一直奔向最初原因的锐敏的天才人物才能敢于摒弃一切愚民的烦琐哲学旧套,而泰然自若和条理清晰地讨论科学、艺术和道德。正是为数不多而内容丰富的一般原则,使我们打开了自然界的锁钥,并以简单的理由解释了这个美妙建筑的奥秘。"

值得如此赞扬的这位伟人,对他的同时代人呼吁说:"我为公众工作,所以公众应当资助我。我需要金钱来进行有益于科学和有利于发挥我的思想的试验。如果我没有必要的资金,我的一切力量都无从发挥。"政府和私人都置之不理。没有一个人替笛卡尔还债。没有一个人去协助这位伟人为充实人类知识的宝库而作的惊人努力。

怎样解释这个如此奇怪的现象呢？应当知道这个现象的原因，但至今仍然毫无所知。

许多著作家为笛卡尔的遭遇叹息。这不仅未能解决问题，反而把公众的注意力转移到有害于科学进步的错误思想上去。

努力使科学进步，感到自己超过了同时代人和前人，并且以自己的行动证明了这一点——这就是笛卡尔可能得到的最大快慰。在同时代人中，笛卡尔当然是最幸运的。要说笛卡尔生不逢时，那是错误的。这样说有害于科学的进步，因为这会使那些有能力获得成功的人放弃科学生涯。

解释同时代人对待笛卡尔的态度

同时代人没有正确对待笛卡尔，那是因为他们没有认识笛卡尔著作的价值。当时政府的领导人都是一些庸碌之辈，没有一个人能够正确评价这位法兰西巨人的才华。

苏格拉底的结局是当作罪犯被处死。

柏拉图虽然没有遭受厄运，但也没有得到赞助和奖励。

培根曾向同代人求援，但也没有得到帮助。

如果第一流天才的同时代人都是一些二流人物，他就只能等待后世人来对他评价。

历史上有过五位第一流的天才科学家和五位第一流的天才英雄。

其中，只有一位科学家是同一位英雄生活在同一个时代的。只有他一个人得到了应得的援助、鼓励和奖赏。

亚里士多德是亚历山大的同代人,他从这位英雄那里得到一笔巨款。按食品价格折算,这笔款相当于现在的二千五百多万图尔[①]。亚历山大把许多渔夫和猎户交给亚里士多德支配,还给了他以研究工作中所需的一切人员。

假如笛卡尔死而复生,并不会羡慕亚里士多德的优遇,因为拿破仑会比亚历山大更重视和使用科学家的才华。

目前的情况,对执行一项宏伟的科学计划特别有利。任何伟大、美好和正义的事业,都将得到皇帝的大力支持。

编著一部完美的百科全书,是要有全球第一流学者共同参加、需时二十年和耗费一万万的工程。这项计划应由皇帝提出。这是对皇帝向科学院提出的问题的唯一正确答案。这是他播下的种子结出的果实。

二十一、关于未来

皇帝将征服世界,并向世界发号施令;皇帝的权势、威力和物质力量将支配世界。只有英国人还在反抗,但不久即将失败;而英帝国一覆灭,战争就必然结束,因为再也没有什么力量可以违抗皇帝的意志了。战争结束以后,皇帝的注意力就将全部集中于科学。学术界将在他的领导和指挥下写出一部百科全书。这部著作将创立物理主义,把今后指导人类的一般原则建立在推理和观察的基础之上。

这个世界君主国绝不实行世袭制度,它将与天地共存,而拿破

---

① 在法国图尔地方铸造的一法郎银币。——译者

仑就是它的首领。为了对全人类发号施令,皇帝必须掌握一切大权。

要有皇帝这样的天才和远见,才能指出在他以后将要出现的一切,才能提出这位最高立法者的关于人类的社会组织的思想。我们只能肯定这种组织必然是最好的,因为它的立法者是空前的卓越天才。

难道我们不能根据皇帝的最高部署推测政教将要分离吗?即不能推测教权将要掌握在教皇和物理主义者的教士手中,而政权则由领导人类各部分的君王分掌,每个部分的民族利益由从最大的财主和最著名的学者中选出的代表团来监护吗?

上面提出的两种观点(如果是正确的),应被看作皇帝的智慧熔炉射出的光芒。

二十二、 关于光荣殿

光荣殿建于最高的山顶。这座山一面是悬崖峭壁,一面是平缓斜坡。大殿有两个大门:科学门和英雄门。科学门面向悬崖峭壁,英雄门面对平坦大道。

学者必须克服自然界可能给他们设置的重重障碍,但是没有一个人能够拦阻他们的去路。

大自然并没有给英雄设置任何障碍,但他们必须打倒自己的对手。

直到我们这一代,从科学门进入光荣殿的和从英雄门进入光荣殿的,人数相等。近代史上用金字写着五位第一流的天才英雄和五位第一流的天才科学家的名字:亚历山大、汉尼拔、恺撒、穆罕默德和查理大帝;苏格拉底、柏拉图、亚里士多德、培根和笛卡尔。

在我们这一代人之前,还没有一个人从两个门进入了光荣殿。皇帝从两个门进入了光荣殿。

为了献给皇帝一座与他相称的纪念品,必须以大地为像座,用整个圣贝尔纳山①为他雕像。

第 二 部 分

一、关于路德的改革

路德绝不是第一流的天才,他没有上升到最高的观点,他没有直接改进一般观念,他只做过宗教活动,而宗教不外是应用科学。

路德的创见只是改革宗教,所以也只能是宗教观念方面的第二流创见,即正如我要说的,它不是第一流的。

利奥十世对人类理性进步的贡献,就比他的对手路德大得多。他是一个很坏的教皇,但却是一位杰出的哲学家。他曾用各种方法保护文学、艺术和科学。这个教皇教育人们学习文化。他曾大力推动人类理性从事发明活动。他给伽利略、培根和笛卡尔开辟了道路。他为物理主义取代一神论作好了准备。

与此相反,路德从事了使一神教恢复青春的工作。他所创立的学派是文明进步的最大障碍,因为这个学派过去是而且现在仍然是直接反对物理主义的。他给相信天启的神秘教派铺平了道路,他为德国人接受批判哲学的奇谈怪论做好了准备。

路德和他的信徒大声疾呼,反对利奥十世花钱太多。然而他们反对错了,因为这位教皇用钱得当。他所建造的罗马圣彼得大

---

① 阿尔卑斯山的高峰,位于瑞士和意大利的交界上。——译者

教堂无疑是近代的最富丽堂皇的建筑。

路德派也破坏利奥十世的声誉,说他爱好享乐。

难道路德不爱好美食和女人吗?那些对于人类理性的进步有过重大贡献的杰出人物,不是大部分都爱好享乐吗?那些作恶多端和杀人盈野的人,不都是道貌岸然的道德家吗?我们能说罗伯斯庇尔和俾约-瓦伦①是节俭和禁欲的模范吗?

我曾同一个人亲密交往十年之久,使他发财致富,他肯定是当代人中最道貌岸然的道德学家之一。但我可以证明,我就是被这个人剥夺得一贫如洗的。②

再回来谈路德。沙尔·维莱尔先生在其因研究这个问题而获得科学院奖金的名著,即《路德的宗教改革对欧洲各国政治局势和文明进步发生了什么影响?》一文中,强调了路德的作用;但我认为,路德的宗教改革对人类理性进步的贡献,并不像他所说的那样大。③

---

① 让·尼古拉·俾约-瓦伦(Jean Nicolas Billaud-Varenne,1756—1819年),法国法学家,18世纪末法国资产阶级革命活动家,雅各宾党人。——译者
② 圣西门在这里所说的,是他对列德伦先生的指控。——法文版编者
③ 沙尔·维莱尔(Charles Villers,1765—1815年)先生本人也在证明德国人已经多次证明的一个事实,即学识渊博的人也照样可以论断错误。路德建立了神学,叫人们阅读《圣经》和教士们的著作。路德派也就遵循他的教导,努力在这方面成为学识渊博的人。

法国人不像德国人那样重视古人的言论。笛卡尔提出了物理主义以后,法国人就从事新事物的研究,而不去学习古代著作家的著作,因为古代著作家对物理学非常无知,而且很少谈到这门科学。关于宇宙体系,他们只谈了一些荒诞不经的东西,说什么地球是中心,太阳围绕地球转动。

我不仅在新教问题上反对沙尔·维莱尔先生,而且反对他的整个思想体系,并要直接或间接地驳斥这个体系。

我们要根据结果来判断原因。德国人接受了路德的改革运动,法国则拒绝接受。这两个民族,谁对文明的进步贡献大呢?谁的偏见少呢?哪个民族的不同阶级相互接近呢?谁的对外威力和国内福利达到了最高点呢?谁的有产阶级的人数多呢?谁的下层阶级的衣食住好呢?毋庸置疑,都是法国人。要不是拿破仑砸碎了套在德国人身上的铁链,消灭了他们的封建制度,绝大部分德国人还要处在被奴役的状态。

如果说法国人没有接受宗教改革,那并不是因为法国人参加了教皇反对路德的活动。法国人所以摒弃路德主义,那是因为他们认为路德主义不能改进他们的观点。法国的学者坚持建立物理主义。出世稍晚于路德的笛卡尔,提倡了物理主义,随后法国的学者就成了笛卡尔派。从此以后,法国人开始分奉两种信仰:学者信仰物理主义,人民群众仍然信奉天主教。学者们竭力抵制教皇的势力,所以从笛卡尔出世以后,教皇就不在法国发生任何政治作用了;教廷所能指导的只是居民的私人道德。

由摆脱偏见的人制定和行使的法国政治制度,要比德国人的好得多。由于制度比较好,所以效果就比较令人满意。对比两个民族从宗教改革到现代在各个方面和各个时代的状况,就足以证明这一点。

肯定有人要提出质问说:波尔罗亚尔修道院[①]的修士们既长于神学,又以物理学见称。我的回答是:他们的神学著作,是以反

[①] 波尔罗亚尔(Port Royal)原是一座女修道院,初为本笃会所建(1204年),后由西都会续建。现称 Port Royal des Champs,在巴黎西南部。——译者

对教皇权势为目的的。巴斯噶在其《致外省人书》中直接抨击了耶稣会士;他从理论上驳倒了他们,使他们声名狼藉,威信扫地;但要知道,耶稣会士曾是反对新教的圣战的勇士。

关于耶稣会士,我准备专写一篇文章。我要为他们出一期专号。耶稣会的历史既有意思又有教益。它比其他修道会更多地从事物理和数学研究,也比其他修道会更受人重视。

为了很好地评价宗教改革以来欧洲大陆发生的一切,应当把欧洲人分为四类。

南方民族

这指的是意大利人和西班牙人,这两个民族由于给教皇卖力,而相继衰落下去。

耶稣会的创立人就出生于西班牙。

这支圣战军的统帅就把它的总部设在罗马。

北方民族

这些接受了宗教改革的民族并没有衰落,甚至还改善了自己的命运,但速度没有法国人那样快。

中部民族

指的是法国人。法国的有教养阶级,只给教皇留下了一些虚有其名的权力。这个阶级遵循阿拉伯人指出的方向,直接走向物理主义。宗教改革以后,法国人在科学、权利和幸福方面蒸蒸日上。

岛国民族

路德，没有政治头脑的路德，割断了使英国人依附于罗马和从属于大陆的纽带。这种宗教纽带一直约束着英国人的野心。这条纽带是第一流的天才即查理大帝缔结的，而查理大帝的政治观点远非还俗的路德可比。

二、关于查理大帝

查理大帝组织了欧洲联盟。路德分裂了这个联盟，并努力使其瓦解。

要不是拿破仑联合起大陆各民族反抗一小撮岛民，查理大帝建立的联盟就将崩溃，大陆各族人民就将失去自由而受英国人的奴役。

在查理大帝以前，欧洲人民没有被组织起来，分成两个在起源、习俗和语言上完全不同的部族。

其中一个部族是从鞑靼高原北部下来的，他们是撒克逊人；另一个部族是从高原西部下来的，他们是最早定居在欧洲的部族。

希腊人、意大利人、高卢人、西班牙人、英国人和一部分德国人，都是迦勒底人、腓尼基人和阿拉伯人的移民。

查理大帝以其强大的武力和英明的政策而成为这两个部族的首领。他取得这种地位（只有这个地位，能使立法者得到实现其创见的手段）以后，便着手建立欧洲社会，把这两个部族的各个部分合并和联合起来。

查理大帝用宗教作为联盟的纽带。他让教皇脱离东罗马皇帝而独立，给予教皇以各种权力，尊教皇为欧洲联盟的首领。

从查理大帝到路德这七百多年,欧洲联盟对外的表现是,繁荣昌盛,蒸蒸日上,对内的表现是安定团结,从未发生任何重大冲突。当然,在联盟内部,各民族之间也发生过战争,但为时不久。联盟各成员的野心,最多也只是争当"群中之首"(Primus interpares),他们也曾轮流地达到过这一目的。

德国人以从查理大帝的无能继承人手里夺来西方的权杖,意大利人以威尼斯的商业,葡萄牙人以绕过好望角,西班牙人以发现美洲大陆,法国人以路易十四的统治,曾相继成为欧洲社会的首领。

路德在联盟内部挑起叛乱,分裂联盟,而成为欧洲各民族之间进行的残酷战争的罪魁祸首。英国人乘动乱之机,随意扩大他们的野心。他们撕毁了联盟条约,力图奴役自己的盟国。

法国人的坚强毅力终于迫使英国人放弃了他们的旧式统治及其政策。时势造英雄。法国人同英国人的斗争,造就出重建欧洲联盟的杰出天才。

三、关于英国人

在路德的宗教改革五十年以后,英国人起来革命。18世纪初叶,当革命结束以后,一位英国人对他的同胞说:"大陆各民族极其文明,我们不可能征服他们和直接统治他们;然而,只要我们使他们保持现存的平衡体系,只要我们不让他们摆脱封建制度,他们谁也不能同我们在海上和实业方面竞争。夺得了海上优势,我们就可以统治世界各地的未开化民族,向欧洲人出售未开化民族的土特产品,然后再向这些民族推销欧洲人的工业产品。商业利润加上我们的工业利益,将不断增加我们的收益,而减少我们的竞争对手的收益。这样,我们就将逐渐胜过其他欧洲民族,使他们依赖于我们,叫他们破产,受我们奴役。"

这个意见很合英国人的心意,以致全国一致主张采用,被政府当作了政治行动的基础。英国政府忠实地执行了这一计划。如果不发生法国革命,如果没有一位第一流的天才来领导革命所创造出来的力量,一小撮岛民将会通过这一计划来奴役全人类。

苏格拉底说过:"为了简化观念体系,必须认为所有的一切都来自一个单一的原因。"在苏格拉底说过这句话五百年之后,耶稣出生了,他就根据这个观点创立了宗教。苏格拉底的观点在人类的历史上引起了一个巨大的运动。结果,多神教的神职人员失去了他们的大部分威望。

罗马人看到团结希腊人的宗教纽带松弛之后,便野心勃勃起来。他们建立了以爱国主义为基础的特殊体系,用以奴役全人类。

利己主义是罗马人的体系的巨大动力,这个体系的应用就是对其他民族实行专制。罗马人对被其征服的邻国施行的专制,激怒了这些国家,迫使它们起来猛攻罗马,把它洗劫一空。

在路德使团结欧洲各民族的宗教纽带松弛以后,英国人暂时脱离了大陆;同罗马人一样,英国人也是以利己主义作为他们的政治体系的基础的。

英国的专制和罗马人的专制不同,其原因有二。

第一个原因

英国人居住在岛上,罗马人居住在半岛上。

居住在岛上的英国人不可能像罗马人那样实行绝对的专制,因为他们同大陆各民族没有直接接触。

第二个原因

文明已有巨大进步,专制不可能再像昔日那样。我在本节开头说过,英国人也未曾打算直接统治欧洲大陆的各个民族;他们的计划是让大陆各民族互相反对,两败俱伤,然后由他们进行商业上的专制。英国人执行了他们的计划,而且在拿破仑出现以前,他们还作得非常成功。只是在这位伟人登上皇帝的宝座以后,才挫败了英国人的计谋,他们感到风暴即将袭来。在最近一次战役中,英国人的利己主义完全暴露无遗。他们没有努力去援助但泽,而是用本来可以支援但泽的舰队去掠夺丹麦。

反对人类理性进步的人会说:想步罗马人的后尘统治全世界的不是英国人,而是法国人。

这与事实不符,我要用其他事实和论据来证明。

法国人的行动同罗马人和英国人的行动完全不同。罗马人奴役了他们所侵略的一切民族。英国人仿效罗马人,他们奴役了全体印度人民;他们还对大陆各民族施加学术和财政影响,以便尽量阻止欧洲大陆各民族改进他们的社会组织。

法国人则与此相反。他们每到一个民族那里,都要改进那里的社会组织;他们到处消灭封建,他们到处建立国民代表团,用以限制王权。

以上就是我答复的事实。下面来谈论据。

法国人经过大革命而恢复了青春,他们给自己所接触到的一切民族带去新的观念。英国人只能传播陈旧而过时的观念。

  法国人的利益同大陆人民的利益息息相关,英国人的利益同大陆人的利益恰恰相反。

(赵鸣远译)

19世纪哲学导论[*]

---

[*] 圣西门在1810年写了一组关于百科全书的文章,其中概述他关于百科全书的见解。我们选择了两篇:《19世纪哲学导论》和《新百科全书》,前者又名《新百科全书提要》,是这组文章的第一篇。我们翻译所据的原文,载于1966年法文版《圣西门全集》第1卷。——译者

作者题词："你们要回溯到地球形成的初期，然后再下降到以后的年代观察人类理性的相继进步，并要看清加速人类理性进步的道路。"

柏拉图和亚里士多德是站在一般观点的高度去观察习得知识和寻找完善习得知识的途径的。

柏拉图专志于推理，亚里士多德致力于研究事实，学生的著作比老师的著作更受人欢迎。

在培根和笛卡尔出世的时候，人们还在学习亚里士多德的著作。

笛卡尔的形而上学虽然受到人们的重视，但学者们仍在坚守研究事实的方向，以培根为他们的向导。

我们认为，康德[①]代表了第三个时代，这位唯心主义哲学家的著作，在德国引起了极大的轰动。

亚里士多德与柏拉图生活于同一时代，笛卡尔与培根在同一时代著书立说。那么，在亚里士多德和培根指出的前进道路上树起新的里程碑的康德的同时代人，又是怎样的呢？

柏拉图、笛卡尔和康德提出了一些没有太大用处的思辨空谈，而亚里士多德和培根则是实证哲学家，他们是一般科学的奠基人，为人类提供了有恩于人类理智进步的完善的科学方法。亚里士多德发明的三段论法是确定词的比较价值的公式；培根创造的分析

[①] 伊曼努尔·康德（Immanuel Kant，1724—1804年），德国古典哲学的创始人，德国资产阶级思想家，也以自然科学方面的著作而闻名。——译者

法是有功于物理和数学科学的飞速发展的珍贵方法,哲学家也应当采用这一方法去研究一般科学。这位卓越的天才拟出了研究人类知识的方案,他的《新工具》对以百科全书为标志的思想作了充分的发挥。

百科全书(Encyclopédie)一词来源于希腊语的 ἐγκύκλος-παιδεία[①],意思是知识的链子。不应当把百科全书称为综合辞书,因为综合辞书只是编辑百科全书所需的资料的仓库。按系统汇总习得的知识,提出新的方法加速文明的发展,才是以百科全书为题写作的作者应负的职责。编著新百科全书,是利用一般科学方面的新发现的方式。

知识圈一直在向前滚动,而且越滚越大。一般科学是它的总纲:在一般科学向前发展的时期,哲学家提供它以新的观念;而当它的革命过火的时候,哲学家就批判通行的一般观念。

法国百科全书[②]的作者们已经证明,通行的一般观念[③]不再促进物理和数学科学的进步了,而应当完善一般观念。但是,他们没有提出应当以什么观念取代已经无用的观念。培根的分类法是他的著作的基础,它是经过周密的研究而定出来的。我们认为,研究各科专门科学需要运用全部的智能,所以像培根那样把科学分为记忆的科学、理智的科学和想象的科学,是完全不能满足要求的。

---

① ἐγ 相当于 en,κύκλος 相当于 cercle,παιδεία 相当于 science。意思是科学圈或科学链,即一系列科学知识。

② 法国百科全书的编者们使其中的作品只追求一个目的,即阐述一般科学。因此,这部百科全书只是完成了它所标示的任务。

③ 一般观念是一般科学的总结。这个总结在一般科学处于青年时期具有促进科学发展的性质,而在一般科学处于衰老时期,它就失去这个性质了。

批判容易,建树困难。因此,培根的分类法还是比其缺点被人指出以后出现的分类法优越。

最简单的观念常是最后被人所注意。人类理性的进步史就是一条知识的链子。

简述人类理性的进步史

原始人的智力比其他动物高不了多少。但是，由于智力的不断发展，人类便依次上升到：

约定成俗的符号体系；

手工艺体系；

美术体系；

道德和政治科学体系；

物理和数学科学体系。

我们不知道符号体系是哪个民族创造的，但我们可以肯定，埃及人很早就有了符号体系。

在埃及人以后，没有一个民族建造过可与利用尼罗河水的工程相比的工程。

在军事力量方面，从古罗马以来；在祭司的权力方面，从共和国解体后不久，没有可与罗马伦比的。

在物理和数学科学方面，现代人比以前的人优越。

埃及人认为日月星辰和各种无机物与有机物均有支配宇宙的能力。

希腊人和罗马人（以及与他们同时存在的各民族），尊崇一切精神力量。

中世纪以来,欧洲人崇拜上帝(一切善的化身),而害怕魔鬼(一切恶的化身)。

最后,在现代人中间,一个英国人把天文学建立在一个可能普遍应用的观念之上。可以把这个英国人发明的观念即万有引力看作是支配宇宙的唯一定律。万有引力可以解释最简单的现象,并且与最复杂现象中出现的任何事实没有抵触。

本文的目的就是要证明:把万有引力定律看成是神的定律,看成是神用来支配宇宙的唯一定律,对于科学的进步是有好处的。

这个证明可能已被一个人作出。但是,在不同科学部门获得研究成果的人们的竞赛,对于补充和应用这个证明还是必要的。狄德罗和达兰贝尔号召本国的学者去证明当时的一般观念业已过时,并获得完全成功。百战百胜的拿破仑,我们由您做后盾来号召全球的学者,请他们来共同完善一般观念。

(董果良译)

新百科全书[*]

---

[*] 《新百科全书》是圣西门于1810年写的有关百科全书的论著的最后一篇。在这篇文章的前面有一封《圣西门给他侄儿维克托的信》曾收在《圣西门与安凡丹全集》第15卷(我们删去未译)。我们翻译所据的原文,载于1966年法文版《圣西门全集》第6卷。——译者

序言,或概观本书所要发挥的思想

概　　述

培根是第一个,而且也只有他提出了最高级的一般科学观念的。这位哲学家给我们留下了两大理论,即他关于百科全书的理论和关于方法论的思想。

完善培根的两大理论,并把它们融合于一个同一的原则,就是本书的目的。

培根的百科全书理论

培根把科学分为三类:记忆的科学、理智的科学和想象的科学。

这种分类法欠妥,这首先是因为它是三分法,而只有二分法才是妥当的。

其次是因为各科专门科学都需要有我们的各种智能参加,把智能分成三类,只适用于细微的划分,而且必然会使最主要的差别混淆不清。

我的百科全书理论

一切科学,即使它们的理论部分,也必须以观察为基础,所以一般科学即分类科学的理论应以历史的分期研究为依据。

概观历史的一般分期

第一个时期

原始人的智力比其他动物高不了多少,他们同其他动物一样,只有直接的感觉。经过长期的艰苦劳动,人们才达到了创造约定俗成的符号的地步;利用这种符号,人们得以无限扩大他们的智力活动范围。

当人类创造的约定俗成的符号多得足以形成语言的时候,人类的智力就大大超过了其他动物。

第二个时期

人类首先利用自己的智力优势去更为广泛和更为稳定地满足自身的物质需求。他们饲养牲畜和耕种土地,以保证生活的来源;他们不再穴居,而是建造了房屋以避风雨;他们不再以兽皮御寒,而是织布穿衣了,等等。总而言之,他们创造了手工艺,并把指导各种手工艺的所有个别观念联结成一般观念,我们把它叫作偶像崇拜。

第三个时期

手工艺时期以后,紧接着就是我们称之为美术的时期。人类满足了自己的物质需求以后,就努力发展和满足自己的精神需求。美术的最初目的,现在仍然未变。

我们把联结美术的各个部分的一般观念叫作多神论。

第四个时期

一神论是多神论的改进。人类根据这个一般观点,把自己的所有知识联结在一起,并开始利用这一切知识去达到人类的物质和精神幸福的总目的。我们把人类从一神论的一般观念中得出的结论叫作道德和政治科学。

第五个时期

物理主义是一神论的改进,它同一神论一样具有单一性,但比一神论更为精确。一神论是一般的发现,而物理主义则是已经变成原则的一般观察。

培根关于科学方法的观点

培根在其《新工具》一书中特别致力于向学者们指出发明创造的步骤。他在这部不朽的著作中发挥的两个观点是:

一、任何科学理论工作都不能以神启观念为依据。

二、学者必须轮流交替地在事实的阶梯上上升而后下降,下降后再上升。

对培根以后的科学著作进行考察以前谈谈我对完善人类知识的方法的见解

考察笛卡尔的著作

笛卡尔开始著书立说是在《新工具》一书问世之后不久。

笛卡尔开始执行培根拟出的工作计划。他在有关方法的怀疑的著述中指出,科学的理论工作不能含有神启观念。他的第二部著作的卷首题词是:"给我物质和运动,我就给你创造出一个世界。"被人们称为涡流体系的这部著作是一般科学上的一次运动。这一运动引起了学者们的注意,使他们抛弃了《创世记》中关于宇宙形成的观念。这样,笛卡尔就达到了他的目的即培根的第一个目的,使学者们摆脱了神启观念的影响。

考察从笛卡尔到牛顿的科学著作

从笛卡尔到牛顿这一期间,最著名的学说都是对笛卡尔著作的注释。

牛 顿 的 出 现

笛卡尔的接班人和继承者牛顿能够自由发挥自己的天才了,因为他不再需要同神启观念斗争。牛顿看到苹果落到地上,于是通过归纳和类比,从个别事实上升到最高级的一般事实,得出了万有引力的结论。

我对完善人类知识的方法的见解或把百科全书的观念和方法论的观念融合于一个同一原则

一部百科全书就是科学方法在一般科学上的应用。必须轮流交替地在事实的阶梯上上升而后下降,下降后再上升,这是献身于科学研究的人在一切工作中必须遵循的原则。

概述的总结

应把培根以前的所有科学著作看作准备工作,因为培根才开创了科学体系的哲学结构。培根的著作发挥了以下三个观点:

一、科学的理论工作不得含有神启观念。

二、要使科学进步,必须轮流交替地在事实的阶梯上上升和下降。

三、必须把科学分为三类:记忆的科学、理智的科学和想象的科学,并以这种分类法为基础,使百科全书的工作把一切习得的知识按重要性的顺序连贯起来。

学者们采取和遵循了培根的观点。

一、培根以后,学者们不再让神启观念在自己的科学理论工作中发生任何作用了。

二、在培根的观点发表以后,学者们立即以笛卡尔为首,开始从一般事实下降到个别事实;然后又以牛顿为首,再从个别事实上升到一般事实。

三、培根设想的百科全书的计划,由达兰贝尔和狄德罗付诸实现,他们得到了法国最著名的学者们的协助。

学者们的哲学研究现况

培根向学者们提出的两项任务,到达兰贝尔和狄德罗的百科全书工作结束的时候就完成了。另一方面,笛卡尔派已从事实的阶梯下降到底,牛顿派则从事实的阶梯上升到顶。这个期间,即从1760年至1780年,科学活动便停顿了。

从这时起,学者们在哲学方面没有取得任何进步,甚至还后退了。

详 述

第 一 部 分

我在着手创立人类知识体系的哲学结构。我不揣冒昧,只把培根当作我的开路人,只把他的观点看作概观,只把他的百科全书方案叫作草样。

培根提出了两个一般观念,并对它们进行了研究。在他以后,学者们一直认为这两个观念属于两个不同的范畴。无论是培根本人,还是他以后的学者,都没有找到办法把这两个观念融会贯通起来。

我的一切观念都是连贯的,它们构成一个统一的整体;整体分成两个相等的部分,以表明经过我改进的培根的两个见解。我按这种分法把我的著作分为两大部分:第一部分题为《人类的历史》;第二部分题为《百科全书》,或者可以题为《百科全书刍议》。第一部分论述人类理性是怎样上升到它已达到的科学高度的;第二部分指出怎样从最抽象的观念下降到最直接的感觉。在这两部分之前,我再加上一个导言,以清除科学界可能残存的神启观念。

第 二 部 分

一个概念,不管多么抽象,都可以用形象表示出来。我的百科全书系谱树图就是百科全书观念的象形画,而这篇序言则是这幅象形画的初步说明。

在下一个篇幅很长的序言中,我再发挥这个初步说明。

我的著作就是这第二个序言的发挥。

拙著写完以后,我将敦请全世界的学者参加合作,以实现这一共同事业。大家知道,我要对这一工作提出四个规模越来越大的计划。

我请读者集中注意我的系谱树的树干。现在还不到研究树枝的时候。学者们在研究我的小分类之前,必须把精神贯注于大分类。

读者应当看到,我的百科全书系谱树的根干上同主干上标有相同的字样。这表明我的观念在归纳顺序上和在推论顺序上都是连贯的;这也证明我的观察工作和我的推理工作是分量相当的,我的推理工作的整体和部分都是以观察为依据的,因为地下建筑和地面建筑在整体上和部分上是完全相同的。

第 三 部 分

伟大的思想是重大的政治发酵的结果。历史证明,科学革命总是紧跟着政治革命而发生的。比如说,代数学以及化学和生理学的一些基本原理是在穆罕默德以后的几位哈里发执政时期发现的;《新工具》一书是在三十年战争①的炮声中写成的;牛顿发现万有引力定律时,英国的革命风暴还没有完全结束。因此,我们必定在最近的将来看到一个重大的科学发现公布出来。有什么科学发现能比哲学思想的发明更为伟大呢?我在这篇概观里向大家预告的,正是这一哲学思想。

我享有培根和牛顿没有享受过的幸福,即生活在所有君主中最宽宏大量的人和所有帝王中最聪明的人的统治之下,伟大的拿破仑的政绩使法国赢得了各种荣誉,光照四方。皇帝既是人类的政治领袖,又是人类的科学领袖。他一手掌握着准确的罗盘定向,一手拿着宝剑消灭反对文明进步的人。最杰出的学者应像最英勇的将领那样集结在他的周围。我要预告的科学发明,将在皇帝的幅员辽阔的国家的首都创造出来,这一发明的规模和价值都将超过以前的发明,并使后代为之惊异。

当全世界最著名的学者都云集在巴黎,在伟大的拿破仑的指挥下为建立人类知识体系而工作的时候,巴黎将出现多么庞大的科学机构!

这一伟大的科学活动将会结束法英之间的长期对峙,使法兰西民族得到伟大民族的称号,皇帝在向军队祝捷时曾提过这一光荣的称号。

为了让人类决定授予一个民族以伟大民族的称号,这个民族

---

① 三十年战争是一场发生于1618—1648年间的宗教战争。初为德意志新教诸侯与天主教诸侯、皇帝之间的战争,后来扩大为欧洲诸国间的大战。丹麦、瑞典、法国等支持新教联盟,而旧教联盟则得到教皇和西班牙的支持。德意志受战争的破坏最大。——译者

必须同时拥有科学优势和军事优势。在探索未知领域方面成为人类先锋的民族,永远是第一流的民族、伟大的民族、杰出的民族,因为这些称号只能赠给最文明的民族,赠给通过杰出的努力不断扩大人类的知识领域和改善人类的命运的民族。

同胞们,不要看不到这个美称的意义,而要看到依靠这个美称,皇帝使我们增添了勇气。

不错,我们还戴着英国人的科学枷锁,因为我们的百科全书大厦还是根据培根的方案建筑的,我们的拉普拉斯的天文学著作不过是牛顿思想的注释,孔狄亚克关于方法论的平庸见解只是洛克的发现的发展。其实,我们把洛克的发现捧得太高了,他只是反驳了我们的伟大笛卡尔的一些疏漏。

一个新的创见会使想出这个创见的人感到荣幸,会使他的朋友、同胞和同时代人感到荣幸,会使整个人类感到荣幸。

我们法国人应当让伟大拿破仑的政绩同路易十四时代一样大放异彩。路易十四在位期间,法国人富有一般情感和作出许多新的创见。18世纪时,法国人是自私自利的,只在批判方面有点才干。

有些人的浅薄宗教观念同他们的幼稚哲学观点互相冲突,他们竭力用肤浅和迷信的思想去阻止我的科学飞跃,然而这是徒劳的。我要到御前的法庭上去控告他们,我要在御前声明我的信仰:

我信上帝;

我信上帝创造了宇宙;

我信上帝让宇宙服从万有引力定律。

哲学不允许一个钻研科学的人信仰上帝,而在这个人公布他的发现的时候又要他宣布信仰上帝,因为不能上升到最高抽象观念的人，不能不信上帝而又不给自己和整个社会造成极大的麻烦。

我绝不指责达兰贝尔、狄德罗和他们百科全书的任何一位同人，说他们公开抨击了对上帝的信仰，因为在他们写作的时代，对上帝的信仰和对神启观念的信仰是联系和融合在一起的，以致不可能抨击这个而拥护那个。但是今天，人们认为神启观念只是人类在童年时期作出的科学概括，所以在人类成年时代，它就完全不足以指导人类的行为了。今天，人们已经剥夺了僧侣阶级骗取的优势，所以我现在认为，我现在说，我现在宣布，而且要终生宣布：必须信仰上帝。

我也不指责达兰贝尔及其同人，说他们抨击了君主制度，因为君主制度当时已堕落为暴政，国王们滥用立法权和课税权，而不征求国民的同意。因此我认为，他们所以抨击君主制度，是因为在他们的著作中，不可能把对君主制度的尊重和对暴政的憎恨调和在一起。

我说我毫不指责百科全书的编者努力推翻祭坛和王位，但我惋惜他们致力于破坏。我很庆幸在我执笔写作的时代，我可以宣布尊重和敬爱祭坛和王位，又可以不背离哲学方向。

18世纪的百科全书比任何其他著作在更大的程度上决定了一次必然而不可避免的革命，因为宗教制度和君主制度已经非常落后于民族的文化。

19世纪的百科全书将激发人们尊重和敬爱新的制度。这样的著作是唯一的能够一般立即见效的和效果持久的著作。这种效果是可以期望的，而且也唯有这样的著作能够更新全部哲学观念，彻底改变18世纪的思想方向，即改变基本上是革命的方向。

（董果良译）

人类科学概论[*]

---

[*] 《人类科学概论》写成于1813年。圣西门把"人类科学"理解得非常广泛,其中包括生物学、社会学、生理学和哲学等。我们翻译所据的原文载1966年法文版《圣西门全集》第5卷。我们只选译了有关社会科学的部分,删去了讨论生理学和解剖学的部分。——译者

总　　序

在我尽一切可能熟悉人类的既有知识以后，便为自己提出下述这样一个问题：

什么工作可以最有益于科学的进步和人类命运的改善？

对这个问题的研究

已经发生的一切和将要发生的一切形成一个数列，数列的前几项是过去，后几项是未来①。因此，研究人类理性至今走过的道路，将向我们指明人类理性在科学活动和幸福道路上还应该迈出哪些有益的步伐。但是，这项研究不宜于从起点开始，因为读者从起点看不到人类理智进步的历史全貌。这种做法会使事物的自然秩序本末倒置，并要把全文的叙述放到只应扼要概括全文的序言里面。因此，我在这里只限于研究过去时期的最近一段。我不打算回溯到 15 世纪以前，即使我要谈到遥远的过去，也只限于极其简短的回顾。

---

① 圣西门也同 19 世纪上半叶其他思想家一样，从数学上借用"数列"（série）和"项"（terme）这两个概念来表示按一定顺序发生的过程和其中的各个因素或阶段。圣西门在他的著作中到处使用这两个术语。——译者

在15世纪,国民教育几乎完全是神学教育。从路德实行宗教改革开始,到光芒四射的路易十四时代,国民学校逐渐学习世俗作家、希腊作家和拉丁作家的作品。这些课程继续扩大,终于排挤了神学,变成了宠儿,把所谓的神圣科学贬谪到特设的学校里去。人们称这种学校为神学院,只是那些准备从事神职工作的人,才到那里就读。在路易十五在位时期,物理学和数学开始成为国民教育讲授的学科;到路易十六执政时期,这两门科学就已经是最主要的课程了;最后,发展到今日,这两门科学已成为教学内容的主要部分。目前,人们把学习文学只看成是一种消遣。在这方面,事物的新旧秩序之间,即五十年、四十年甚至三十年前存在的秩序和目前的秩序之间,出现了巨大的差异:在距离我们还相当近的这些年代,要知道一个人是否受过良好教育,人们会问他是否熟悉希腊、拉丁作家的作品?而在今天,却要问他是否长于数学?是否精通物理、化学、博物学方面的既有知识?一句话,他是否精通实证科学和实验科学?

在回顾有学识的人在受教育的过程中获悉的关于人类理性发轫以来的经过的时候,特别是在考察人类理性从15世纪以来的经过的时候,我们可以看出:

一、从15世纪以来,人类的理性倾向于把自己的一切判断建立在所观察和所讨论的事实上面。它在这个实证的基础之上,已经改造了天文学、物理学和化学,而这些科学现在已构成国民教育的内容,成为国民教育的基础。因此,必然得出这样的结论:作为人类科学的一部分的生理学,也要用其他物理科学所采用的方法来研究,而当它成为实证科学的时候,便可列为国民教育的学科。

二、个别科学是一般科学的构成成分。只要个别科学还具有臆测性质,一般科学即哲学也必然是臆测性的。当个别科学的一部分开始成为实证科学,而其余部分仍然具有臆测性质的时候,一般科学便是臆测和实证各占一半的科学。当个别科学全部变成实证科学的时候,一般科学也会完全变成实证科学。在生理学和心理学完全以所观察和所研究的事实为基础的时候,这种情况就会出现,因为这时不再存在既非天文现象,又非化学现象,既非生理现象,又非心理现象的现象了。因此,可以设想学校讲授的哲学变为实证科学的时代即将到来。

三、宗教、一般政治、道德和国民教育的体系不外是观念体系的应用,或者毋宁说是从不同方面加以观察的思想体系。因此,随着新科学体系的建立,显然也要改造宗教、一般政治、道德和国民教育的体系,从而也要改造僧侣阶级。

四、各个国家的组织都是关于社会秩序的一般观念的个别应用,而欧洲的一般政治体系的改造,必将引起以自己的政治联合结成国家这个伟大共同体的各族人民改造他们的国家。

现在,把拙著将要发挥的思想简要地综述如下:

应当把人类理性未把自己的判断建立在所观察和所研究的事实上面以前的全部工作,看成是准备工作;

只要所有的个别科学还没有建立在观察的基础上面,一般科学就不能成为实证科学;

只有哲学的各个部分都成为实验科学,包括宗教体系和僧侣组织在内的一般政治才能成为实证科学,因为一般政治是一般科学的应用;

当作为一般政治的制度得到改进的时候,国家的政治体系也必然趋于完善。

为了证明上述这个想法是正确的,即为了指出我们能够完成的最有益的工作就是编写四部概论(其中的第一部根据实证原则建立人类科学,第二部给哲学提供坚固的基础,第三部讨论改组僧侣阶级的计划,第四部讨论改革国家制度的问题),就必须详细研究15世纪以来发生的情况。我现在就来开始这项工作。

为了使问题更加明确,我要考察一下学术团体的变化。现在,我就相继研究学术团体的目前组织和它在15世纪时的组织,以及它在其间的最主要阶段的组织。

目前,学术团体分成两个非常不同的部分,或者毋宁说存在着两种学术团体。其中每一种团体的活动都涉及我们的整个知识体系,但是它们的研究目的却很不同:一种是以传授既有知识为目的,这就是大学;另一种是以改进科学体系为目的,这就是科学院[①]。值得着重指出的是,改进和传播旧科学体系的僧侣阶级,现在形成为一个独立的阶级,与研究新科学体系的文人学者完全分开。在一些主要学校里,青年人主要学习新科学体系。

学术工作的这种组织形式与15世纪的学术组织形式显然不同,并比15世纪显然优越。在15世纪,除了大学以外,没有其他任何学术团体。当时,也同现在一样,大学的唯一工作就是从事国

[①] 这里指的是"法国科学院",它包括五个学院:法兰西学院,专门研究和改进法语,以及发展法国文学;铭文和雅语文学学院,专门研究考古、历史和古典文献;自然科学学院,专门研究精密科学和自然科学;艺术学院,专门研究各种美工艺术;道德和政治科学学院,专门研究哲学、政治经济学和法律等问题。——译者

民教育，所以当时没有一个团体负责改进人类知识体系等工作。

我现在把话题再转回到《人类科学概论》上来，而以上所说的就是这部书的序言。

我对人类科学的看法是以维克-达吉尔、比沙、孔多塞和卡巴尼斯[①]的著作为基础的，或者更确切地说，我要竭力在本书里把这四位学者发表的思想联合或结合起来，并作若干补充，使它们形成一个有系统的整体。

毫无疑问，卡巴尼斯和比沙两人研究的都是非常重要的问题，可是因为他们二人，或不如说其中的每一个人，都只是研讨了人类科学的一个个别问题，所以我认为不必在本书里另辟一章来探讨他们的思想，而只把他们的思想作为维克-达吉尔的思想的补充加以研究。

如上所述，本书分成两个部分：我准备在第一部分研究维克-达吉尔的思想，在第二部分研究孔多塞的思想。这两项研究具有完全不同的性质。我对维克-达吉尔的批判较少，因为我认为他的各个思想，一般说来都是非常正确的。因此，我只能对他的思想加以整理和补充，以便尽可能使之形成一个长而连贯的数列。我对孔多塞的态度与此完全不同。我对他的批判较多，因为他的各个

---

① 这四位法国著名学者和思想家都是圣西门的同时代人，他们对圣西门世界观的唯物主义成分的发展产生过巨大的影响。

菲力克斯·维克-达吉尔（Félix Vicq-d'Azyr，1748—1794 年），比较解剖学的基础人之一，反对在当时占有统治地位的活力论观点。

玛丽·弗朗斯瓦·比沙（Marie François Bichat，1771—1802 年），法国医生。

乔治·卡巴尼斯（Georges Cabanis，1757—1803 年），法国生理心理学家，社会活动家和哲学家，18 世纪法国唯物主义者的追随者。卡巴尼斯的思想和他用生物学观点解释历史的倾向，对当时的社会学说产生过很大影响。——译者

思想都没有使我满意。不过,他在其著作中所作的概括,却是惊人的正确,而且十分卓越,所以我要仔细研究他的著作。因此,我要在第一部分研究作为个体的人的科学,而在第二部分则研究作为人类的人的科学。但是,我在第一部分也要谈到人类,而在第二部分也要谈到个体,不过都是顺便提一提而已。

在本书的各个部分,我要建立一系列的事实数列,并坚信这是我们知识的唯一可靠部分。……①

---

① 以下删去圣西门给当代几位生理学家的信,其中都是讨论生理学和解剖学问题的。——译者

第 一 部 分 ①

第一个观察

如果拿新生的婴儿同其他哺乳动物的新生小崽比较,我们看不出前者在智力上比后者有决定性优势。在婴儿没有学会发爸爸、妈妈这两个词的发音,没有掌握他应当与这两个词相联系起来的观念以前,周围的人已向他反复多次说过爸爸、妈妈这两个词。根据这种情况,便会相信言语并不是人体组织的直接产物。

第二个观察

在我们阅读希罗多德、修昔底德、深思熟虑的塔西佗和伟大的当代人休谟②的著作,钻研古代编年史,分析古代传说的时候,可

---

① 删去第一部分的最初几段讨论生理学问题的文字。——译者
② 希罗多德(Herodotus,约公元前484—约公元前425年),古希腊的历史学家,被西方称为"历史之父"。他的《历史》,即《希腊波斯战争史》(共九卷),内容丰富,描写生动,为研究古代历史的重要文献。
修昔底德(Thucydides,约公元前460—约公元前400年),古代希腊历史学家,伯罗奔尼撒战争时期希腊的将军。他的《伯罗奔尼撒战争史》(共八卷)为研究古希腊史的主要文献。
大卫·休谟(David Hume,1711—1776年),英国哲学家,不可知论者,历史学家和经济学家,主要著作有《人性论》和《人类理解研究》。——译者

以看到已经达到高度文明水平的民族最初也是吃人的；我们看到现在有丰富的产品可供各种非常讲究的需要的民族，最初也曾穴居野处，茹毛饮血；我们还看到以优异的智力活动见称的民族，在记忆力和洞察力方面，最初也只比在机体的发展阶段上最接近于人的动物略胜一筹而已。

第 三 个 观 察

最近五十年来，人类理性有了长足的进展。它摆脱了陈规旧套的束缚，它付出了巨大的努力去消除根深蒂固的偏见；它看到在作为现今社会组织的基础的高尚观念里面，掺杂着许多虚伪的观念，并且两者已经合而为一，所以它采取了坚决的措施，把谬误同真理分开。十八个世纪以来代代相因的信仰受到了最严肃的审查。我们不能不看到，有两种情况在这方面起了非常重大的作用。头一个情况是：原始人定了一些约定的符号，他们利用这些符号，也可以像我们这样，把自己的感觉记述下来，对感觉进行比较和组合。另一个情况是：他们已经得出"神"这样高度抽象化的观念，或者可以说，他们已经达到能够证明神的存在的地步。

探求真理的热情这时在英国人和法国人中间开始成为真正的民族热情。这两个民族都做过耗资巨大的航海探险，其主要目的是考察社会组织所依据的原则。我指的是在机灵活泼的布根维尔、聪明勇敢的库克和不幸的拉彼鲁兹①的领导下所完成的航海

---

① 布根维尔（Bougainville，1729—1811年），法国航海家。他在1766—1769年完

和发现。这些著名的航海家最具有哲学家的头脑,他们访问了我们当时完全不知道的许多不同部族。由于他们的研究、观察和聪明的实验,我们完全获悉了最愚昧无知、最粗鲁的民族(我们的古代祖先当然也是这样)与达到高度文明的民族之间存在的一切中间状态。这些报道很有价值,因为这使我们现在可以用观察到的事实来论证我们原来只能以猜测和推想来确定的事情。我们现在可以把观察到的事实列成一个连续的数列,由远古的初民一直研究到现代的欧洲人。当然,远古的初民是十分愚昧无知的;而现代欧洲人的文明和科学水平,则远远超过了他们的一切先民。

库克向我们报道的一些部族不知有无首领,没有任何宗教观念,不穿衣服,没有房屋,穴居野处,茹毛饮血,有吃人的风习,但不是出于复仇,而是人肉的可口滋味强烈地刺激着他们的嗜食人肉的欲望。他还向我讲述了另外一些比较开化的部族,他们承认首领的存在,略有宗教观念(从他们崇拜偶像这一点可以看出),吃熟食,着兽皮,有构筑的房屋,语言极不发达,连三以上的数都数不出来。那里还有吃人的习惯,但程度大为减轻,几乎都是出于报私仇和复族仇的动机。最后,库克还谈到塔希提群岛、散德维齿群岛

成环球航行,发现许多岛屿,主要是在太平洋的大洋洲发现的。他提供了关于他曾访问过的地方的自然和居民的宝贵资料。

詹姆斯·库克(James Cook,1728—1779年),英国著名航海家。他在18世纪60至70年代曾三次向太平洋远航,发现许多岛屿,其中有夏威夷群岛,他在这里被土著人杀死。库克的旅行对地理科学的发展起过很大的作用。

拉彼鲁兹(La Perouse,1741—1788年),法国著名航行家。他在日本海和鄂霍次克海有过重要发现。1788年失踪,遗物到1828年才被找到。——译者

和友爱群岛的居民,他们已有正式僧侣、政治等级和发达的语言,食人风习的残余几乎只是在用活人作祭品方面。他们完全不吃人肉。不过这位过于慈善的库克,却作了散德维齿群岛土人的食物。

我对库克的朴实报道,有两点感到特别惊奇,这就是:一、他没有能够使头两类原始部族理解关于单一基因的观念,或是毋宁说,没有使他们理解关于存在着一个万能的神的信念,从而他没有能够向他们证明人具有不同于其他动物的本性,而塔希提群岛、散德维齿群岛和友爱群岛上的居民,却能容易理解这种东西;二、头两类原始部族,不反对人体解剖,不认为这是对人体的肢解;而第三类部族,则不准许进行人体解剖。

第四个观察

在不同的时代和不同的地区,曾有个别儿童由于某种不幸的遭遇而脱离社会,随意行动,被迫单凭个人的机智去满足他们的一切需要。他们没有通过长期认真的教育过程去接受前代人积累的宝贵知识。其中有许多人是在经过相当长时期的完全孤独生活以后,才又回到社会上来的。我们现在掌握着一些记述这种野人的材料,其中载有一个在瑞典发现的野人,一个在立陶宛的森林中捉住的野人,还有一个曾在香槟森林中过了很久与世隔绝生活的姑娘。最后,我们目前还有一个叫作"阿韦龙野人"的人[①]。对这些

[①] "阿韦龙野人"是一个长期流浪在法国南部森林地带的无人照顾的男孩子,1799年被当地农民发现。这一发现引起了当时的报刊和聋哑教育工作者的极大兴趣。——译者

野化了的人所作的观察,证明对人类的现有知识一无所知而与世隔绝的人,在智力发展方面只比发达水平与他们相近的动物略高一点。这个人的智力优势,只能完全与他的社会组织优势相一致。我认为阿韦龙野人在脱离社会的整个期间的智力水平,非常接近于人类最初几代的智力水平。但是,阿韦龙野人的智力应当比原始人高一点,因为他的智力发展有一部分是遗传下来的。

阿韦龙野人在幼年时代便脱离社会而孤独生活,他由于长期养成的习惯已经爱恋这种生活。从他被发现和脱离孤独生活以来的这一段生活史,受到了研究人类科学和试图加速发展这一科学的人士的特别重视。他的这段生活史自然应当分成三个时期。第一期,从他到菜园去偷菜吃被农民发现和捉住的时候开始,到政府把他送到巴黎为止。第二期,由受政府的委托来照顾这个野人的生活的希卡尔神甫[1]对他进行的细心教育过程构成。聋哑教养院的医生伊塔尔[2]对他所作的一系列观察,构成第三期。

第一期　捉住阿韦龙野人的农民把他送到最近的一个相当大的医院里。这个医院的医务工作人员对他作了观察,观察虽不十分深入,但是非常合理和精确。他们经过观察确定:他对人类现有

---

[1] 安布罗阿兹·库库伦·希卡尔(Ambroise Cucurron Sicard,1742—1822年),法国神甫,曾创立数处聋哑教育机构。希卡尔当众演示自己的实验,希图以此自我宣传。——译者

[2] 安托万·伊塔尔(Antoin Itare,1775—1838年),法国医生,当时欧洲知名的聋哑教育专家。他写过几篇关于"阿韦龙野人"的文章。——译者

的知识毫无所知,他喜欢生吃动植物,非常厌恶熟食,坚决反对人们给他穿衣服的一切尝试,希望回到森林里去,他为此曾一再努力,逃跑了一次,再度捕获时费了很大周折等等。他们把这个异乎寻常的野人的情况向政府作了详细报告以后,内务部大臣下令把他解到巴黎,交给著名的学者观察,向学者提供随意观察的方便。

第二期 阿韦龙野人到巴黎后,被交给希卡尔神甫监护。这位神甫的神学造诣远远超过他的生理学知识,他对宗教原则的信仰远远胜过他对物理学原则的信仰,他硬说人一点也不需要教育的帮助就可以产生关于有神的观念。他完全没有对阿韦龙野人进行观察,而是把这个野人当成了一种公开证明他的神学生理学思想正确的手段。希卡尔神甫完全与真理背道而驰,所以他遭到失败是理所当然的。这个对抽象问题完全无知的学生破坏了这位老奸巨猾的形而上学家的一切计划。结果,他大失所望,不得不放弃他那个异想天开的主意。这位聋哑教养院教师接触阿韦龙野人以后,便轻率地单凭幻想建立了一座空中楼阁。按照他的打算,经过充分的练习和良好的训练,就可以拿这个野人在大庭广众之下显示一番。那时,他将在会上叫野人说出一段打动人心的哀史,叙述他在森林里孤独生活期间遭受的种种不幸,从而赢得所有听众的眼泪。他教导自己的学生要表现出信神的高尚精神状态,以使最无知的观众看到后也能信以为真。因为事实的经过一点也没有符合原来的这种设想,所以维克托(他们这样称呼阿韦龙野人)的第一位老师,便宣称自己的学生天生愚蠢,不再对他进行教导,把他丢在教养院的一角不加理睬,以为这样便可使社会甚至学者们把他完全忘却。

  第三期 在希卡尔神甫不想从阿韦龙野人身上捞到好处以后,这位野人的处境是非常悲惨的。他遭到多次毒打,被打得遍体鳞伤,尤其是腹部的伤势非常严重。这是被脚踢的,可是又一再踢他腰上的那条为了防止他把强迫他穿上的罩衫撕碎而给他扎上的皮带。当维克托由希卡尔神甫手里转到聋哑教养院医生伊塔尔先生手下的时候,他的情况就是这样的悲惨。伊塔尔首先关心给维克托治伤。后来,他开始研究和教育这个年轻人。这位生理学家发现:第一,维克托绝不是天生愚蠢,甚至他在遭受这番折磨以后,也没有变得愚蠢;如果他的思维器官天生拙劣,这种折磨必然会使他变得更加愚蠢。第二,维克托不是天生就聋,后来也没有变聋,所以他在这方面不存在学会说话的障碍。第三,伊塔尔医生还证明这位年轻人的说话器官良好,他甚至能够叫维克托清晰地说出许多食物,其中包括野人最爱吃的牛奶的名称,因而把说话器官良好这个事实证明得极为清楚。最后,他还十分清楚地证明,影响维克托上进的真正的和唯一的障碍,来自他受教育的时间开始得过晚,来自他的咽喉和思维器官长期没有利用,结果失去了拼音和发音所必要的灵活性。

  伊塔尔先生发表了一份研究报告,其中叙述他对阿韦龙野人所做的观察和实验,以及他所采取的尽力改进维克托的思维器官和说话器官的方法。他在报告中非常坦率地、客观地谈到自己所取得的相当重要的成就。这份报告写得非常明确详细,但它给人留下的印象不深,也没有获得很大的成就。我曾长期探索这一有益的科学著作遭到学者们冷遇的原因。最后,我得出了这样的结论:报告作者过于慎重,是产生这种情况的原因,他没有概括自己所观察的事实的共性,没有说明这些事实能对生理学的建立,甚至对一般科学体系的建立发生什么良好影响。

总结阿韦龙野人的生活史和以前的观察所证明的事实 人都非常喜欢把自己心里产生的思想和观察到的事实加以系统化,也就是说,使它们两者之间协调起来;人也有一种想在自己所研究的对象和整个事物总体之间建立联系的强烈愿望,所以孤立的思想或事实,不管它们本身多么重要,如果未被概括,使其具有共性,而仍然同原来一样,只具有个性,就会遭到十分冷淡的对待。因此,我打算进行这种概括,使从阿韦龙野人身上观察到的事实与以前的观察所阐述的事实协调起来。

在对阿韦龙野人进行观察以前,许多有学问和非常聪明的人还不相信约定的符号是形成和连接任何重要观念的必要条件,不相信没有这种符号的帮助就不能产生关于单一基因的观念。但是,在对这个野人做过观察以后,只有像希卡尔神甫这样有严重学派思想的人,才会对这一点表示怀疑。这种人一心维护落后的神学原则,只相信有神的观念是我们的天赋观念。

对阿韦龙野人进行的观察是最有说服力的,因为最初对他进行的想要证明单一基因的观念不是后天习得的实验没有成功,而后来对他进行的具有与此完全相反目的的实验却非常成功。后来的实验是要证明:如果没有约定的符号的帮助,就不能形成任何一个重要的观念或达到高度的抽象。

我要一再反复说,在对阿韦龙野人进行实验以后,完全证明了约定的符号是形成和连接任何重要观念的必要条件。即使把它重复二十次，我也不觉得过多，因为我认为叫读者注意这个问题是非常重要的。因此可以相信，原始人是最愚昧无知的，他们的思维能力十分有限。

不必再作更长的开场白了。我们现在来把我们在人类智力发展中观察到的各个不同阶段列成一个数列。

数列的第一项

原始人在智力上优越于其他动物，只是他们的身体组织优越的直接结果。他们的记忆力只比海狸或象的记忆力强一点。这个事实应当算作已被观察到的事实，因为对阿韦龙野人做过了这种观察，并且观察得很仔细。

数列的第二项

人类处于库克船长在麦哲伦海峡沿岸所见到的那种状态：人们住在山洞里，不会建筑房屋，根本没有首领，不会取火。

数列的第三项

人类处于库克船长在美洲西北岸北部所见到的那种状态：人们住在构筑的房屋里，有政治组织的萌芽，因为他们承认首领；初步掌握非常有限的语言，因为他们数数超不过三以上。

数列的第四项

人类处于库克船长和其他航海家在美洲西北岸北纬五十度附

近所见到的那种状态：人们掌握了相当完善的语言，完全听从首领的指挥，吃人的风习很盛。这种发展状态，在新西兰表现得更为明显。

附注：应当特别着重指出，人类最初还没有吃人的习惯，只是后来随着理智的某些发展，才开始有这样的现象。产生这个现象的原因非常简单，那就是人在发明了致人死命的进攻武器以后，才企图去杀害他人的。

数列的第五项

友爱群岛、社会群岛和散德维齿群岛的居民：这些地方已经达到很高的开化水平，口说语言并不贫乏，吃人的风习几乎完全绝迹。居民分成"卡尔"和"突突"两个阶级。有宗教仪式，有受社会的所有阶级尊重的有组织的僧侣阶级[①]。

数列的第六项

秘鲁人和墨西哥人在西班牙人发现他们并征服了他们的国土时所处的状态。当时，他们形成了两个人数众多和性质不同的政治社会。他们的艺术、手工艺和美术已经获得相当显著的进步，因为他们已经发现开采和冶炼金属以及用金属装饰高大建筑物的方法。

[①] 友爱群岛（汤加群岛）、社会群岛（塔希提群岛）和散德维齿群岛（夏威夷群岛）均属波利尼西亚群岛。早在 18 世纪，这里的氏族关系就在解体，产生了阶级分化的因素。"卡尔"和"突突"是当地居民对两个社会集团的称呼。——译者

第 一 部 分

数列的第七项①

古代埃及人。他们在艺术和美术方面比秘鲁人获得的成就更大,在道德科学和实验科学方面也比秘鲁人优越。他们走完了人类智力的长期发展过程中必须经过的一段最艰难路程:这就是他们发明了约定的书写符号。我们完全同意文字是由他们发明的,而不管实际上是不是由他们发明的,或者只是由他们重新发现的,这一点并不重要,因为我们的目的是确定人类理性进展史的数列,而用臆测的思想是达不到这个目的的。

我把埃及人的时代看作人类智力发展的第二出发点。我认

---

① 至今人们对埃及人以前的人类智力的状况所作的一切说明和著述,都不是以观察到的事实为基础的。它们完全依靠臆测和推论,所以人类科学至今还是臆测的科学。我在本书为自己规定的任务,是要把人类科学提高到以观察为基础的实验科学的水平。因此,首先要精确地规定出人类智力发展的出发点,其次再确定从这个出发点达到埃及人的智力发展水平所经过的几个过渡阶段。我采取的办法是不是正确的呢?让读者去评论这一点吧,让读者去评论它和评论我吧。如果我采取的办法是正确的,那就请读者向我表示同情,表示愿意今后用尽一切办法全力支持我,帮助我完成为之献身的长期工作,使我达到改善人类命运这一光荣而有益的目的。

我在这个注里,还要谈出两个想法。在本书的以下叙述中,我将充分发挥这两个思想,现在只对它们作扼要的阐述。

一、当然,人类智力的发展曾屡受破坏,可以说被地球上发生的历次巨大灾变所歪曲,尤其是受到洪水的影响。根据地质学的观察,完全肯定了洪水时代的存在。要想分清哪些科学思想是从这些灾变时代遗留下来的,哪些思想是后代重新发现的,那是不可能实现的意图。应当把这个发展看成是这样的:无论有无洪水,或者有无其他任何灾变,它总是发展到了今天。

二、在18世纪,哲学家和神学家之间对于人类智力的最初发展所持的见解还没有太大的差异。神学家早就说过,而且目前还在说:亚当和夏娃在没有偷吃命果以前,他们在地堂里本是幸福的;而哲学家们则说过:人在野蛮时期是幸福的,只是在建立了政治的、市民的和宗教的制度以后,人才遭遇了灾难。卢梭雄辩地指出的信念和达兰贝尔冷静表达的信念,就是这样。孔多塞在他的《人类理性进步的历史概观》一书中所持的观点,正如人们所想象的那样,同这一观点并没有多大的出入。

为，对人类智力从这个时期开始的发展，要进行更加仔细的研究。学者的观点是与人民群众的信仰不同的。学者从事科学研究工作，致力于发现原因，并把因果的观念协调起来；而人民群众至今仍是以具体形式表达抽象观念的。

但是，在查明这种差异和叙述这两类人的进步情况之前，我要说明数列的这个第二部分的各项。也就是说，我们暂时不往下叙述，而先来概观一下我们仍在走着的道路的第二部分。

从人类理性完全清晰地理解因果观念以后，约定的符号便形成为一个体系。

日、月、星、海洋、森林和河川，以及一切显然有害或有益的动物甚至植物，都曾被我们祖先看作万物的伟大基因。这就是一般科学的第一阶段，它被人们称为偶像崇拜时代。

后来，人类理性提高到产生无形原因的观念的阶段，开始把我们的欲念、嗜好和各种愉快的或不愉快的感觉看作基因。这个第二阶段得名多神教时代。

再往后，人们开始意识到：如果宇宙是像他们至今所想象的那样，被许多互不依赖的基因所支配，那么，世界就会变得一团糟，而毫无秩序了。于是，他们的认识便提高到存在一个单一基因的观念。但是在他们看来，这个基因不过是多神教所信仰的一切次要神在一个唯一神身上的结合。这个第三阶段称为有神论时代。

最后，学者们开始理解到：如果认为宇宙是由性质完全不同的要素构成的，那也就等于认为宇宙是混乱的，而试图说明事物的这样秩序，只能是一种梦想。于是，他们长期以来致力于建立一种科学体系，使概念的分类和划分在这种体系中只作为便于智力活动的手段。可以把这一整个体系看作许多同类观念,即相互结合的观念的总体。

我再来研究埃及人的两大类别,即学者和人民。

埃及人的学者集团执行祭司的职务,他们是全国的第一流人物,只有他们拥有政治权力,而且是享有无限的最高权力。这些人有两套学说:一套是他们向人民传授的;另一套是他们为自己专用的和向同他们有来往的少数亲信传授的。

他们向人民传授的学说,是偶像崇拜,是唯物主义,是把有形原因看作基因的信仰。他们叫人民崇拜尼罗河,信奉阿皮斯神(即公牛),崇敬鳄鱼和洋葱,更不用说日月星辰等等了。

他们为自己专用的学说,比他们传授给人民的学说高出一等,更具有形而上学的性质。他们认为有形原因只是次要原因,只把这种原因看作高级原因的给果,认为高级原因应该是无形原因。

埃及的学者曾经十分仔细地搜集了他们的先驱者对天体运动、尼罗河泛滥和其他各种自然现象所作的一切观察的资料。他们热心地努力积累这些宝贵的知识。

我们在历史上的任何一个时期,都没有看到像埃及人这样把思想家和信徒之间的界限分得如此清楚。只要研究一下埃及人的历史,人们就会相信祭司的权力和学者的能力在本质上是相同的。因此,我愿意说:任何一个宗教的僧侣阶级都应当是最有文化的集团;当他们不再是最有文化的集团的时候,便逐渐不被人尊重,衰落下去,最后化归乌有,为更有学问的人所取替;当一般观念逐渐完善起来的时候,这个转变的时代就要到来。任何一种观念,只有在它正是对于人类理性的进步所作的观察的结果时,它才会表现得最为清楚。这样的观念,我们是不能过早地提出来的。在这里,只指出我所说的观察是由观察埃及人开始的,就可以了。

数列的第八项

为了能够逐次进行研究,我们在人类理性进步数列的这个第二部分,每次都只研究一个民族,或最多只研究一个政治社会,因为在一切伟大的时代,都有一个政治社会绝对地超过其他一切社会,它在科学和战争方面也同时高于其他社会,以致人类理性在这个社会的繁荣时期所达到的一切成就,也只能归于这个社会。

我们已从讨论埃及人开始了数列的这个第二部分的研究。现在,我们来谈谈希腊人,其次谈谈罗马人,再次谈谈萨拉森人①,最后谈谈现代的欧洲人。

可以用一个观念来概括人类理性发展数列的各项,而如果能拿整个人类的道德和一般智力的发展同个人的这种发展相比较,这种概括将会更有意思。在童年时期,我是想说在童年的初期,吃是最大的快乐。在幼年的时候,人的一切细小打算,都以能够得到比较好吃的食物为目的。不难看出,处于开化时期的部族的主要活动,也是以得到食物为目的。上述的观察构成了数列的第一部分。在童年的后期(我们现在进入数列的第二部分,并准备对它进行近乎全面的研究),对艺术和手工艺的爱好,可以说占据统治地位。如果把锯、钉子、斧子、刨子等工具,以及可用这些工具加工的材料给年龄较大的儿童,这些东西一定会引起他的兴趣,而放弃其

---

① 中世纪初叶欧洲人对阿拉伯人的称呼。——译者

他玩具。人们可以看到,这样年龄的儿童在玩的时候热心构筑石坝,挖掘小水渠,建造土堤等等。埃及人也同样广泛地表现过这种嗜好,并在这一切方面给我们留下了比后来的同样工程都伟大的工程。人的双手什么时候挖造过可以赶得上埃及人所挖的湖泊呢?而他们那些宏伟壮丽但毫无用处的金字塔,岂不是足以令人把后来建成的一切建筑物都看成是小玩意了吗?

现在,人类到了成年时期。我们来观察一下人在成年时期的作为。人在成年时期产生了对于艺术的爱好。哪一个青年人不想在诗歌、音乐和绘画方面一显身手呢?希腊人以擅长美术著称,至今仍然在这方面是我们的典范。

人在精力充沛的年龄时期,最喜欢寻找使用这种精力的机会,而对自己力量的自信往往妨碍他断定自己力量有多大。他开始同整个大自然作斗争,锻炼自己,对军事表现出最大的兴趣。于是,罗马人主要以作为军人而感到自豪。在他们之后,还有萨拉森人仍能在这方面获得声誉。但是,在萨拉森人之后,就已经没有一个民族能够在迅速攻战方面,特别是在对军事经久不衰的热情方面赶得上他们了。

萨拉森人是最后一个勇猛善战的杰出民族,也是奠定实验科学的基础的民族。因此,他们使人类的军事功绩达到登峰造极的地步,从而开始了成年时期的阶段。在成年时期,人类的活动缓慢下来,但是更有秩序和正规化了,想象力不像以前那样奔放,但是判断力却更加发达了等等。

我们暂且不对我们即将研究的数列的以后几项预作说明,只尽一切力量来确定一下希腊时期的文明状况的特点,以阐明希腊人在他们胜过人类其他部分时期所达到的进步。

把希腊人团结起来并使他们在数个世纪内一直成为人类的科学先锋的那股生气蓬勃的智力,首先在荷马身上表现得最为明显。荷马是历史上给我们留下记忆的最古的希腊人,他的作品一直流传到现在,他是多神教的创始人,这意思是说他曾经是多神教的组织者。

我根本不想把我要陈述的对于希腊人所作的少量观察彼此联系起来。我甚至把各次观察编了顺序号,使它们尽可能保持各自的独立性。

一、每当思想家发现的观念被信徒接受的时候,这总是表明人类理性的发展向前迈进了一大步。埃及的学者们已经使自己提高到能够概括无形原因的地步,而埃及人民在这一阶段却只有关于有形原因的观念。希腊的全体人民群众都接受了存在无形原因的思想。这一思想,成了希腊各族人民共同信奉的多神教的基础。

二、在希腊人那里,人类理性开始认真地研究社会的组织。他们确立了一些政治原则,他们从实践和理论方面研究这门科学。他们曾为世界贡献了像来库古、德拉古和梭伦[1]这样伟大的立法家。在希腊人那里,这门科学不只是少数几个聪明人专门研究的

---

[1] 来库古(Lycurgus,约公元前700—约公元前630年),古希腊政治家和立法家。

德拉古(Draco,公元前7世纪末)也叫德拉孔(Dracon),他为雅典制定了第一部成文法,以严刑著称。因此,人们一般将苛法称为"德拉古法"。

梭伦(Solon,约公元前640—约公元前558年),古希腊政治改革家,诗人,希腊"七贤"之一,公元前594年任执政官。——译者

第 一 部 分

学问,而是成千上万公民日常的无拘无束的谈论的话题。人们常在公共集会上讨论政治原则及其应用问题。希腊人的社会是人所共知的第一个政治社会,它由许多部族形成,每个部族各有自己的特殊统治形式,甚至经常与大多数的统治形式很不相同。

我准备对希腊人的政治社会发表的见解,我认为都值得读者充分注意。我首先希望读者注意的见解是,希腊社会的一般纽带是宗教。特尔斐神殿是希腊各族人民的总神殿,不受任何一个部族的单独管辖,因为神殿是建立在一块有名的神圣不可侵犯的土地上的。这块土地归神殿所有,周围的各族人民对它没有任何权利,甚至在相邻的部族之间进行非常残酷的内战期间,他们也对这个神殿严加保护。特尔斐神殿的祭司们所关心的是,利用他们的预言来维持希腊各族之间的团结,振奋他们的精神去反抗波斯人对他们的自由的侵犯。从特尔斐神殿遭到亵渎以后,狡猾的菲利浦[①]控制了希腊社会,强迫希腊人称他为大元帅,成了希腊的主人。他的继承人亚历山大[②],比其乃父菲利浦尤有过之,把马其顿人对希腊人的统治又加以扩大。在亚历山大之后,他的统帅安提帕特[③]更是毫无节制。于是希腊人的政治社会,到这时便失去了表现在团结方面的一切力量,只能对来犯的罗马人给予无力的回击。结果,罗马人占领了希腊,希腊完全沦为罗马人的奴隶。

[①] 菲利浦(Philippus,公元前382—公元前336年),即腓力二世,马其顿王,亚历山大大帝的父亲。——译者

[②] 亚历山大(Alexander,公元前356—公元前323年),即亚历山大大帝,古代著名统帅,曾征服过欧亚非许多国家。——译者

[③] 安提帕特(Antipater,公元前397—公元前319年),亚历山大大帝的主要将领。——译者

另一个见解也要证明宗教观念对政治观念的巨大影响。这个见解认为,在希腊人那里,宗教体系和政治体系有一个共同的基础,或者更确切地说,宗教体系是政治体系的基础,而政治体系是模拟宗教体系建立的,也就是宗教体系的翻版。实际上,希腊人的奥林匹斯会议就是共和国会议,而希腊各族人民的国体,虽然各有不同,但有一点是相同的,即都是共和政体。

三、我已经一再指出希腊人发明了美术。人人都承认,荷马、斐狄亚斯、阿佩勒斯①和其他许多艺术家,始终没有得到可以同他们比美的后继人。关于这一点,没有解释的必要。我只提出一个可供参考的见解,即认为现今的艺术家无法与古人比拟。不错,这个见解只具有次要的意义,但它却相当值得人们玩味。古代的诗人在许多方面都是立法者,而现今的诗人都是一些轻佻浮躁的人,他们只能帮助社会人士消愁解闷,而不再以领导重要事业为己任。在学术界,他们只居次要地位。而且,自以为有特殊才能的人,大部分参加可望获得最大荣誉的职业。现在,只有那些不能在目前的舆论界最为尊重的智力活动部门获得成就的人,才从事诗歌的创作。一个有名气的希腊画家或雕刻家可以在希腊到处选择称心的模特儿供他描绘或塑造人体的任何部分。最高贵的家庭都以自己的女儿当选上模特儿为荣。而现今的艺术家只能到社会的底层去寻找模特儿,而且甚至会遭到道德没有败坏的人的拒绝。

四、在数列的前一项内产生的一般科学思想经常被下一项所

---

① 斐狄亚斯(Phidias,公元前480—前430年),古希腊著名雕刻家,《雅典娜》《宙斯》等雕像的作者。
阿佩勒斯(Apelles,约公元前4世纪),古希腊作家。——译者

采用。比如,埃及的祭司们创立了多神教,但是信奉多神教的却是希腊人,也就是说,希腊人相信有多数无形基因存在,并崇敬这些无形基因。有神论的情况也是这样。苏格拉底是有神论的创造者,而在他死后五百多年,罗马人成了有神论者。

苏格拉底是有史以来最伟大的人。在他以后,还没有一个人能够比得上他,因为这位天才以他的智慧创造了只能由人类的理性产生的最伟大思想。苏格拉底所享有的荣誉虽然已经很高,并且大大超过其他一切人,但还没有达到应有的程度,还有加以更明确肯定的必要。我现在的任务,就是要精确地阐述他的荣誉。

在分析苏格拉底的思想的时候,我发现它是由两个基本的一般观念构成的。其中的第一个观念是:认为任何一个体系都应当形成为一个整体,在这个整体里,第二级原则是由单一的一般原则引申出来的,而第三级原则则是由第二级原则引申出来的,这就可以通过梯级的间距相等的道德阶梯,一级一级地从单一的一般原则下降到最个别的观念。苏格拉底思想中包括的第二个观念是:认为人为了形成自己的科学体系,即为了协调自己的关于宇宙构造的观念,为了给自己的关于现象的构成和发展的知识打下巩固的基础,就必须交互利用先天方法和后天方法来协调他的观念。人的智力是非常有限的,所以始终用同一观点来观察事物时,注意力很容易疲倦,而加速智力活动的唯一手段就是改变思考的方向。比如,一个人经过紧张的努力,由支配宇宙的单一基因的观念过渡到最个别的事实以后,感到他的注意力已经疲倦得再也发现不了任何新的东西,他的抽象观念与具体观念混在一起使他无法分清它们。这时,他最好改变思考的方向,把思想移到完全相反的方面去，也就是利用后天方法，由个别事实的考察上升到比较一般的事实的考察，并通过最有规则的步骤达到最为一般的事实。总而言之，苏格拉底是方法的发明人。在他以后，没有一个人能够达到他这样的高度思维水平，即使培根也不例外。苏格拉底的学生没有一个能够像他们的老师那样拥有渊博的知识，所以他的学派在它的首领和创立者逝世后不久，也就四分五裂了。

柏拉图和亚里士多德是苏格拉底学派中最杰出的两个人。他们把这个学派分成完全不同的两个学派，各为自己的学派起了名称，并在他们的工作进程中彼此背道而驰。一个学派叫学院派，另一个学派叫逍遥派。我认为把前者叫先天派，把后者叫后天派更为恰当，因为这两个称呼可以使人知道其中的每一派哲学家所传播的学说。我不打算说柏拉图是个彻底的先天派，也不打算说亚里士多德是个极端的后天派，而只是想说柏拉图曾相信和主张先天判断应当高于后天判断，而亚里士多德所传授的则与此相反。我再重复一句，不论是柏拉图，还是亚里士多德，都代替不了也赶不上苏格拉底。苏格拉底在他的不偏不倚的超验哲学中，认为先天方法和后天方法都是同样可以遵循的良好办法，同样可以导致丰富的发现，但是应当轮流交替使用。

我认为指出下列事实是非常有趣的：人类的理性一直是本能地按照苏格拉底指出的应该遵循的道路发展过来的，可是他的学生们却没有充分理解他的教导。其实，历史向我们表明，柏拉图的思想从它在柏拉图学园诞生时起，一直到阿拉伯的哈里发阿尔-拉希德和阿尔-马蒙即位时止，在十一个世纪中间始终比亚里士多德的思想被人重视。在这两位哈里发执政时期，阿拉伯人把亚里士

第 一 部 分

多德的著作翻译过去,学者们才开始重视亚里士多德的著作而轻视柏拉图的著作,这种情况也延续了十一个世纪之久。这个思想还需要加以详细发挥,但因为本书仅仅是一个概论,不便于详谈,所以我准备以后再谈。

不过,在结束本文以前,我不能不对苏格拉底的才华再谈几句,不能不指出他在一个重要问题上所表现出来的非凡的洞察力以及他对这个问题所持的聪明见解。为了详细叙述这个非常重要的思想,我必须分析苏格拉底的著作。他的著作由两个完全不同的部分构成,一部分以建立方法为目的,另一部分以应用方法为目的。我已经说过苏格拉底所建立的方法的内容,所以不打算占用时间再谈这个问题。我准备谈一谈他的纯科学著作,说明他是按照自己的方法论来撰写这些著作的。他的方法论以洞察秋毫和深远透彻著称。他的纯科学著作也分成两类。第一类著作以粉碎多神信仰为任务,或者更概括地说,以破坏对多基因的信仰为目的。他在同诡辩学派和祭司们的一切论战中,总是用后天方法进攻他们,把他的论敌打得落花流水,狼狈不堪,使他们成为自己用来攻击苏格拉底的迷信的牺牲品。苏格拉底的第二类著作,旨在建立科学体系,他在这里用先天方法观察事物。大家知道,苏格拉底非常清楚,应当用后天方法进行批判,而建设则要用先天方法去进行。

我们现在来考察苏格拉底所作的最一般论断。因为这个论断同时也是人类理性所能完成的最一般论断,所以读者完全可以想到,必须以最大的注意力去判断我要向读者提出的观念。

我再来谈一谈苏格拉底,他准备向他的学生讲话。在苏格拉底的讲话之后,我要解释和详细说明我为什么要采取这种形式来写作拙著的这一部分。

苏格拉底对学生的讲话

(因为这个讲话是中间插笔,所以不妨把它分出来另刊。我将及时把它寄奉你们。因此,这又要使你们分神。)[①]

数列的第九项

我现在来谈一谈对于人类理性的进步做过贡献的罗马人。但是,在明确罗马人对于人类理性的发展所作贡献以前,我要对不仅同数列的本项有关,而且同数列的其余各项均有关系的两种思想略作说明。这两种思想是两个一般观察。

第一个观察 在埃及人、希腊人、罗马人和萨拉森人之间,有一个共同点,即这四个相继成为人类的科学先锋的民族,都居住在与周围隔绝的国土上。

埃及人没有邻国。他们的国土一面濒临大海,三面毗连荒无人烟的沙漠。

希腊的各族人民,以及在他们中间一直掌握盟军的总指挥权的拉栖第梦人[②],都住在一个只有很窄一块土地与大陆相连的半岛上面。意大利的土地三面环海,其余的一面有阿尔卑斯山把它同大陆隔开。可见,罗马人也就住在一个半岛上面。

麦地那和麦加两个城市位于红海沿岸的一块面积不大的土地

[①] 《苏格拉底对学生的讲话》,载本书的《论万有引力》一文。——译者
[②] 即斯巴达人。——译者

上。这块土地一面临海，其余三面都是一望无垠的沙漠，把它同阿拉伯半岛的其余部分隔开。如果把阿拉伯半岛作为一个整体来看，它也是一个孤立的国土，因为它三面环海，一面有沙漠把它与亚洲大陆隔开。

最后，英国人是岛上居民，但应当承认，他们在现代各族人民中间有权利占据首位，这是因为：

一、他们培育了培根、牛顿、洛克、卡文迪什和普利斯特列这样的伟人；

二、他们的人民的衣食住都好，都受过良好的教育；

三、按他们占世界人口的比例来说，他们对其他民族的影响是很大的；

四、他们所发现的社会组织形式将逐渐代替欧洲各国的封建制度，他们是本国宪法的忠实保护者，宪法使他们每个人享有人口稠密国家所能享受到的最大限度的人身自由。

可见，曾经起过主要作用的各民族所具有的这个共同点证明国土的孤立是他们取得这种特殊地位的必要条件，如果没有这个条件，一个政治社会就不可能长期地保持自己的决定性优势。

如果我愿意发挥这个问题，就得拿古代拉栖第梦人的地理位置和古代雅典人的地理位置相比较，拿现代英国人的地理位置同现代法国人的地理位置相比较。其次，一方面，我要拿拉栖第梦人的严肃性格和认真作风与雅典人的轻快活泼和见义勇为相比较；另一方面，我要拿英国人的爱国主义以及他们对维护自己的人身自由和出版自由的不断关怀与法国人的温文尔雅以及他们在文学上的卓越成就和在军事上的英雄主义相比较。

第二个观察 孟德斯鸠①说,民族性大部分是本国气候条件的结果。孟德斯鸠错了,因为曾经起过主要作用的民族的性格,在任何时代都决定于风尚和生活方式的严肃性和认真性。这样的民族性格,曾相继出现在埃及、希腊、意大利等地的民族中间。这个地区的范围,由北回归线扩展到北纬五十度。在充当人类领袖时期拥有这种性格的各民族,后来丧失了这种性格。在罗马这个曾经居住过元老院元老的城市,现在到处是流氓市侩和各种下流人物。希腊的居民过去是那样文明,而现在却变成十分粗野的民族。巴格达的居民在阿尔-马蒙执政时期是那样有教养,而现在却处于最愚昧无知的状态。

对罗马人的直接考察 罗马人创立了有神论。他们也是公法的奠基者,并促进了这门科学的最大发展。这是罗马人促进人类智力发展的两个方面,这是构成罗马人的道德个性的两种活动。这两种智力活动的产生,使罗马人具有一种使他们既不同于以往的民族又异于后来的民族的性格。

读者的脑子里现在大概产生了如下的好奇想法:罗马人获得的和至今仍在学术上享有的伟大荣誉是以他们在五百多年的共和政体时期取得的成就为基础的,而他们在帝国时期也是走在希腊人的前面。罗马人的这种进步,使他们建立了有神论和创制了民法。这两项成就是非常重要的,因为在多神教的基础上,即在没有统一性的宗教的基础上,不可能建立一个由语言和风俗习惯不同、

---

① 孟德斯鸠(Charles Louis Montesquieu,1689—1755年),法国资产阶级启蒙思想家,著有《论法的精神》《波斯人信札》等。——译者

从自己的土地上收获不同产品的民族组成的人口众多的政治社会。被希腊的历史学家说得十分伟大的相信多神教的希腊人，是一个人口不多的民族，他们都说同样一种语言，住在一个人口很少的地方；而现代的欧洲人，却结成了一个人口非常多的政治社会，居住在幅员辽阔的国土上，说着数十种不同的语言，随着所处的纬度不同，吃着各式各样的食物。在古代希腊，只有为数不多的自由人；而在现代的欧洲，则有一亿五千万人享有公民权利。正是希腊人所不知道的这种公民权利制度引起了这种美好的改革。

关于罗马人，我还要说明两个问题。这两个问题与人类理性的进步没有密切的直接关系，所以也不十分重要，但我相信读者会对它们很感兴趣，因为它们与当前的事件有关，并对我们眼前发生的重大事件具有直接关系。第一个问题是，简单比较一下罗马人和英国人称霸世界的野心；第二个问题是，我要进行另一个简单的比较，即拿人类在最早几个罗马皇帝时期所遭到的危机，与我们现在身受的危机相比较。

比较罗马人和英国人 我不想对两者进行直接的比较，而只打算证明：罗马人与希腊人的关系，同现在英国人企图与欧洲大陆各国人民建立的关系之间，在某种程度上和一定意义上，有共同之处。

罗马位于大希腊版图的中央部分，是希腊人的殖民地，或至少是被希腊人的移民所包围。罗马的奠基人罗慕路斯和努玛[①]，或

[①] 罗慕路斯(Romulus)和努玛·彭庇里乌斯(Numa Pompilius)是传说时代罗马初期的皇帝(公元前8—前7世纪)。据说，罗马的政治、军事和阶级制度都是由他们两人规定下来的。——译者

许还有姓名没有传到今天的其他人,为罗马的最初居民规定了与希腊的其他部族的政治制度根本不同的政体。他们把这种政体建立在根本不同的宗教基础和政治基础上面。希腊人和罗马人都信多神教,但是有一点不同,即不论属于哪一部族的希腊人,都最崇敬特尔斐神殿和奥林匹斯神殿,而罗马人却把家神当作主神。希腊人对特尔斐的诸神和奥林匹斯的宙斯的神谕的信仰,使供职于这两个神殿的祭司们得到一种手段,以此来提醒这个政治社会的每个成员不忘一般利益,号召他们关心这种利益,并使关心这种利益的情感超过民族爱国主义的情感。如果罗马人能和他们的邻居萨比尼人、沃尔斯奇人、威伊人等有共同的神殿作为宗教上最高的崇拜对象,那么,这些不同的部族就会在大希腊的版图内结成一个同盟,就像希腊人在古希腊所结成的同盟一样。但是,他们养成的对家神的特别崇拜,煽起了他们的强烈的爱国主义情感,并窒息了他们与邻居有共同利害关系的一切情感。

不管从宗教设施的哪一方面来看,宗教设施都是主要的政治设施。从它的消极方面来讲,它只是信仰。可是,具有不同信仰的相邻各族之间,却几乎必然要从宗教的积极行动方面表现为战争状态,而祭司就把这个积极方面解释为出于神的意志。当相邻各族的神职人员没有形成统一的僧侣集团的时候,每一族的祭司都庇护本族的利益;而又因为没有更一般的利益,他们也就根本不反对他们所抱的野心。

罗马人在爱国主义精神的激励之下,终于统治了周围的一切邻国。正如我已经说过的,如果他们用宗教的纽带联合起来,就不可能出现这种局面。现在不难看出,罗马人的政策和英国人的政策之间是有共同点的。

从欧洲社会诞生时起,到路德的革命时止,英国人是通过宗教的纽带与大陆的各族人民联系起来的,所以他们的民族野心到这个时期从未超出一定的范围。但是在路德的革命以后,英国人的政策完全变了,他们完全切断了把他们与大陆上各族联系起来的宗教纽带。他们改信的宗教是民族宗教,只存在于英国,这就是英国国教。从这个时候以来,英国为自己规定了一项目的,那就是要统治欧洲的所有居民;如果欧洲人不迫使英国人通过共同的一般设施来与欧洲人联系起来,英国人终会达到这一目的。

这只是一个概述,我不准备立即详细发挥它。当谈到现代的时候,我再来阐述这个问题。现在,我来进行前面说到的简单比较,即拿我们现在经受的政治危机,与罗马人在共和制度衰落时期遭受的政治危机比较。

支配宇宙的一般规律的观念对调节物理学各部门现象的多数个别规律的观念的关系,正如单一神的观念对多数神的观念的关系一样。在希腊建立多神教以后大约过了一千年,罗马人也开始信奉多神教,不过作了若干修改。从多数神的观念过渡到单一神的观念以后,罗马人便进入有史以来最严重的政治危机时期。一般观念方面的这种变化,也是幅员辽阔的罗马帝国在数世纪中间处于可怕的混乱状态的重大原因,可是人们至今都只用一些次要原因来解释这一混乱局面。在这里,我不能不指出,只有很少的人能够判断重大的事实,而许多人都喜欢阅读题名为"小原因产生的大事件"的作品,然而这种作品所发挥的,完全是错误的思想,因为任何结果都必然符合于它的原因。以我们所研究的问题为例来说,就是一个社会在达到相当高的文明水平之后陷入的大混乱局面,必然是由可能对有教养的人士发生影响的最大的精神原因所引起的。然而,这个原因显而易见就是最重要的、最一般的,从而是联系其余一切观念的观念的改变。简而言之,人类所遇到的最大危机,显然是由多神教向有神论转变而引起的。

现在,我来谈一谈我们目前所遭到的危机,并欲指出这一危机(十分激烈,因为整个欧洲遍地烽火,交战双方的军队人数现已达数百万人)必然是由能起伟大作用的原因引起的。这个能对社会发生最有力影响的原因,就是一般观念、一般信仰的改变或改进。事实上,也正是这个原因在发生作用。这指的是:有教养的阶级开始放弃决定着物理学各部门现象的多数个别规律的观念,而采纳支配一切现象的单一规律的观念。指出下列事实是很有意思的:一方面,从阿拉伯学者在阿尔-马蒙哈里发执政时期奠定实验科学,以及由此认识支配物理学各部门现象的个别规律以来,已经过去一千年了;另一方面,正是这个时候把埃及祭司向其信徒传授多神教的时代与全体居民群众开始信奉单一基因的时代截然划分开来。我所以使用"基因"一词,而不用"神"这个字眼,是因为前者能向我提供后者所不能提供的重要解释。

关于单一基因的信仰是由苏格拉底牢固地确立起来的;但是这种信仰后来得到了改进,正如我们已经说过的,经过许多世纪的努力,人类的理性才实现了这一改进。有两种方式体会单一基因的观念。在第一种方式中,想象起着主要的作用;在第二种方式中,观察和判断发生主要的作用。人类的理性一开始就必然在"单一基因"的观念上留下了想象的烙印,因为想象力的发展,无论是从整个人类来说,还是从个体的人来说,都是先于判断力的发展。

我在前面已经说过,全体人类智力的发展也经历了个人智力发展的同一道路。我们不应忽略这一观察,因为它可以说明我们现在研究的问题。撞上石头的小孩会怒气冲冲地大骂石头:可恶的石头!他的生动活泼的想象力引导他责骂石头,他把石头看成是有灵性的东西。人在这样年龄时期,生命力充沛,倾向于认为自然界到处都有生命。最后,不必再作比较,就不言而喻,人们最初是把宇宙中发生的一切现象的原因都看成是有灵性的;也不言而喻,人们现在仍把这种原因看作一种规律,而且这种观点是有很多根据的,我现在就其中最主要的几种加以说明如下:

一、信神只是把困难放到一边,因为信神免除不了人们研究自然,也说明不了支配世界的各种规律的本质。

二、信神而不信神启,更是没有任何用处。正如达格梭[①]大臣已经确凿证明的,这种信仰本身不能提供任何行为准则。当人们的知识已经大大超过代神立言的人的知识,并且能够揭露被尊为天书的书籍中的错误的时候,人们自然不会再信神启。

三、常识不能同神学体系中包含的许多矛盾相调和。神学家把神看成是万能的,硬说神在造人的时候本来希望使人幸福,可是人没有做到这一点。他们说神是至善的,可是接着又说神憎恶人。

---

① 昂利·弗朗斯瓦·达格梭(Henri François d'Aguesseau,1668—1751年),路易十五时期法国著名国务活动家。他拥护国会,主张限制教皇对教会的权利,接近冉森教派。——译者

他们说神能预见一切,可是人却享有意志的自由。人作了孽应当受罚,行了善应当得赏,但是这些赏罚只能在来世实现,所以善行毫未得到鼓励,而恶行也没有受到警惩。

在考察神学体系的时候,人们一方面不能不因为看到这个体系在产生它的那个时代被接受而惊讶;另一方面,又不能不因为感到它落后于现代的知识水平太远而叹息,从而觉得必须从以下方面去改进它:提出生理学上的证明,指出凡是想在有害于社会的活动方面寻找幸福的人,必然要受到社会组织规律的惩罚。

现在,我们来进行另一个主要比较。我想拿人类理性在有神论确立时期遭到的危机,与人类理性现在受到的危机相比较。

当时最伟大的政治家之一西塞罗在他的《论神性》①一书中说道:

"我要永远保护它,我以往也一直保护过它,而学者或凡人的话都不能使我忘掉由祖先那里留传下来的关于崇拜不灭的诸神的学说。在谈到宗教的时候,我拥护柯伦克尼乌斯、西庇阿、斯采沃拉等大司祭的意见,而反对芝诺、克雷安德或克吕西波的见解;我同意卜者列里乌斯这位最聪明的人的说法,在宗教问题上,拿斯多葛派的最主要人物同他比较,我更喜欢倾听他在其著名演讲中发表的高见。罗马人的整个宗教主要因其祭祀和占卜而出名,而希

---

① 《论神性》(*De natura deorum*)是西塞罗的晚期作品,在西塞罗(Marcus Tullius Cicero,公元前106—前43年)逝世前一年问世。从圣西门引用的这一段文章中可以看出,西塞罗拥护罗马的多神教,反对斯多葛派的几个著名代表人物(芝诺、克吕西波、克雷安德)。斯多葛派批判多神教的神人同论论,批判宗教仪式。一般说来,斯多葛派对西塞罗世界观的形成有很大的影响。——译者

维拉解释者和内脏占卜师①则参加对异常现象和奇迹的预言。我始终认为必须尊重我们宗教中的这一切要素,并且继续坚信创造占卜方法的罗慕路斯和建立祭礼制度的努玛,为我们的共和国奠定了一切基础。如果共和国不敬诸神,我们的共和国绝不能达到如今这样强盛的地步。"

西塞罗当然看到多神教已经过时,看到这种大大落后于当时文明状况的信仰已经变得异常荒谬,以致连他本人都时常说:他无法理解两个卜者怎么能面面相觑而不笑。他也看到要想恢复这种宗教的权力是不可能的,它必然要让位于更适应于文明状况的另一种宗教。

现在,许多学问渊博和精明强干的人正复蹈西塞罗的错误:力图挽救奄奄一息的宗教。同西塞罗一样,他们嘲弄天堂和地狱,嘲弄圣母的慈悲和地堂,嘲弄教皇永无错误的学说;同样地,他们也嘲笑内脏占卜;还同他一样,他们又想使自己所嘲弄的思想仍然受到人们的尊敬。

从我们方才所做的这种对照当中,还可以产生一个比较。西塞罗不相信能够建立一种新的宗教体系;现在,也有许多人认为不可能创立新的信仰体系。但是,在西塞罗和当时的其他许多思想家表示了自己的信念以后,过了没有多久,另一种在道德上大大高于多神教的宗教就建立起来了。现在,也可以确定不移地说,在不

---

① 希维拉解释者是根据所谓《希维拉卜书》进行占卜的祭司。据说,这部卜书是在传说时代由一个半传说性的女巫希维拉留给罗马的,其中载有关于罗马未来命运的预言。内脏占卜师是古罗马利用作为供品的动物的内脏预言吉凶的祭司。这两类祭司在古罗马的作用很大,他们可以左右国家大事和军事行动。——译者

久的将来，必然要建立一个在道德上大大超过基督教的新信仰体系；而且，只有这样，我们才能从泥潭中拔出，继续向前迈进。任何后退，对我们都不能有利，好在我们也不能后退。

数列的第十项

人类理性的发展达到第十阶段，应当归功于萨拉森人，即阿拉伯人。他们发明了代数，并创立了实验科学。

萨拉森人同埃及人、希腊人和罗马人有一个共同点，即他们也充当过人类理性进步中的先驱，也住在一个被自然屏障同其他国家隔开的国土上。这种自然屏障主要是大海，其次是沙漠。但是，他们在许多方面，又与埃及人、希腊人、罗马人和当时所知道的其他一切民族有所不同。他们的国土只有一小部分可以耕种，所以基本人民群众仍然处于游牧状态。整个国家的管理制度不够发达，还没有达到完善的地步。这个民族分成许多部落，彼此独立。在他们这里不可能产生专制。但是，把这种性质的社会组织移植到城市人口众多和政府有固定地址的以耕种为主的国家里，必然要迅速地蜕变为专制。当阿拉伯人成为征服者的时候，一部分定居在阿拉伯半岛境外的阿拉伯人，就建立了专制制度。由于一些特殊原因，定居在西班牙的摩尔人[①]才没有把宗法式统治制度变成专制制度。

阿拉伯人把他们在自己的国土上实行的政治制度，后来又推

---

① 古代和中世纪时期欧洲人对北非的土著居民，包括后来迁移到那里的阿拉伯人的称呼。——译者

广到被他们征服并在其中建立起国家的国土上。我在这里不打算详细发挥我对这种政治的看法。我所以不想发挥这种看法,是出于两种考虑:第一,我对这个问题的看法还不够明确;第二,我在这里叙述的数列只具有插曲的性质,所以我应当避免说得离题太远。这要涉及种族史,而种族史则是本书的第二部分将要讨论的。由于这个理由,我似乎应当压缩数列的前几项的叙述。这样,我也可以在以后的叙述中避免雷同的赘述。

数列的第十一项

欧洲社会的奠基人是查理大帝。他把构成这个社会的各个民族巩固地团结在一起,用宗教的纽带把它们同罗马联系起来,并使这个城市独立,不受任何世俗政权的管辖。从查理大帝开始,一直到现在,欧洲社会在物质力量方面始终强大无比,但是在精神方面,只是把摩尔人从西班牙驱逐出去以后,才名列前茅。欧洲社会还没有使人类理性迈出具有普遍意义的步伐。这个社会在科学方面取得的一切成就只具有局部性质,换句话说,它只是在个别科学方面有所进步。欧洲社会至今完成的科学工作,只能视为是一种用以实现思想体系方面的全面改进的准备工作。分析它从15世纪至今所做的科学工作,可以看到两千年以前建立的科学体系已经彻底垮台,而阿拉伯人在阿尔-马蒙哈里发执政时期奠基的科学体系,则已成为非常先进的体系。但是我要重复一句,这个结果还不是具有普遍意义的步伐。

现代欧洲人,也就是我们,还无权利要求不偏不倚的历史学家,即不以逢迎同时代人为目的的历史学家把我们与埃及人、希腊人、罗马人和萨拉森人等量齐观。埃及人把因果的观念区分开来,并建立了宗教思想体系;希腊人创立了多神教;罗马人创立了有神论;而萨拉森人则用支配宇宙的多数规律的观念取代了作为有神论的基础的有灵原因的观念。

现在,我们来考察一下我们已经做过了什么。

我再重复说一句,我们在继续完成萨拉森人的工作,并使它达到完善的地步。但是,我们未能把多数规律的观念归纳为单一规律的观念,或者我们至少还没有按照单一规律的观念改造科学体系和应用体系。这项任务还没有完成,有待将来解决。这使我们不得不设置第十二项来讨论这个问题。

我请求读者回忆一下我在序言里所说的一段话:数列的前几项是过去,后几项是未来。可见,研究人类理性的既往发展,可为我们指出人类理性的未来发展的道路。我请求读者思索一下:对于原则的应用所作的这个简述,是不是确实地证明了原则的正确性。我请求读者暂时停止阅读我的文章,想一想未来将会怎样。读者将会发现,你们的想法正如下一项所述。

数列的第十二项

我们的一般知识体系将要加以改造,它应当建立在一种信仰上,这种信仰就是认为宇宙受单一的不变基因所支配。一切应用体系,如宗教体系、政治体系、道德体系和民法体系,都要符合我们的新知识体系。

现在,我不准备较详细地谈论人类理性发展的过去和未来。即使我在这第一部分已经提到这个问题,那也不过是一段插曲,初步地提一下而已，所以只好说得简短一些。使我这样做的原因，是我认为人类理性为了使一个思想的各部分得到发展，必须知道它的整体；但人的注意力非常有限，所以在整个工作期间常常要使对象的整体重现在他的眼前，我现在也准备这样做。① ……

结　　论[②]

……现在，要使我们的智力能够得到最好的应用，就得：一、使人类科学具有实证性质，把它建立在观察的基础之上，并用物理学的其他部门采用的方法来进行研究；二、把人类科学（由此建立在生理学知识的基础上的）列为国民教育的学科，并使它成为主要的学科。

为了达到这一目的，必须建立下列数列：

第一数列：比较无机体和有机体的结构　这项比较的结果，证明无机体发生的作用和有机体对外界的作用，与它们的结构的完善程度成正比。

第二数列：比较各种有机体的组织水平　这项比较的结果，证明以下两项：一、在我们所知道的一切有机体中，人是最好的有机体，也就是最有组织的；二、动物的身体组织水平越高，它的智力越发达。

第三数列：比较动物在各个生存时期的智力　这项比较的结

---

① 由此删去第五个观察和第六个观察，因为都是讨论人和动物的生理组织的差异的。——译者

② 删去结论的前半部分。——译者

果，证明一切动物都随着它们的原始组织的改进而成正比地发展，如果说人是唯一能够自我改进的动物，那是因为人妨碍了其他动物的本来能够改进的智力的发展。

第四数列：比较人类知识在各个不同时期的状态　这项比较的结果，证明人类的智力从来没有停止进步，从来没有向后倒退。

第五数列：从15世纪至今的各种主要科学事件和政治事件的大事年表　研究这个年表里所列的事实的结果说明了人类现在遭到的危机的原因。分析这个危机，推断结束危机的方式，指出学者手中拥有的可以缩短危机期限和按照有利于全体欧洲人民的方式消除危机的手段。

在本书的这个第一分册里，我概述了四个数列。下一分册将叙述第五数列。在编著本书的时候，我曾确信：如果这五个数列在方法上能够成立，那么：

一、把生理学的学习引进国民教育将不会遭到反对；而如果遇到障碍，生理学家也会有充分可靠的论据，毫不费力地把它克服。

二、政治将变成一门实验科学，而政治问题最后将交由研究实证的人类科学的人士，采用现在对有关其他现象的问题所采用的同样方式和方法来加以讨论。

给生理学家的信

先生们：

兹奉上拙著第一部分的题词，敬希查收。我的创举的成败与诸位有直接利害关系。诸位是完全可以信任的。在一切学者当中,只有诸位最能使我获得教益,也只有根据诸位的指教,我才能集中我的精力卓有成效地来改进人类的命运。改进人类的命运,是我们大家的共同工作目的。没有诸位先生的襄助,我就不可能成功。如果你们大力支持我,那么,用不了几年工夫,我就可以完成科学中的伟大而有益的革命。

历史证明,科学革命和政治革命是交替进行的,一个接着一个,彼此互为因果。我们要概述一下 15 世纪以来发生的最主要革命。这样的概述会使诸位看到,下一次革命应当是科学革命;拙著也会十分清晰地向诸位证明,这次革命的主将正是诸位,而从这场革命得到好处的也主要是你们。

科学革命

哥白尼推翻了旧的宇宙体系,并建立了新的宇宙体系。他证明地球绝不是处于太阳系的中心,从而也证明它更不是宇宙的中心。它证明太阳才是这个体系的中心,而我们居住的星球只占其中的一部分,起着微乎其微的作用。哥白尼的证明,从根本上摧毁了基督教的整个科学空中楼阁。

政治革命

路德改变了欧洲的政治体系,使欧洲北部的居民从教皇的宗教裁判权的压迫下解放出来。他削弱了联系欧洲各族人民的政治纽带。路德的革命的胜利,引起查理五世产生要把欧洲的全体居民都置于世俗裁判权之下的想法。他试图实现这项计划,但他未能如愿以偿。

科学革命

培根以其论述科学尊严的作品,在更大的程度上,以其题名为《新工具》的著作中提出的思想,推翻了旧的科学体系。他证明说,我们的知识体系,只有打下完全由观察到的事实构成的基础,才能巩固地建立起来。

伽利略证明地球每昼夜自转一周,从而完善了哥白尼的体系。

政治革命

查理一世被他的臣民审判,在绞刑台上丧命。英国完成了最令人难忘的政治革命,建立起古代各族人民所不知道的新的社会组织制度。英吉利民族把王权分为两个部分:一部分是可以继承的,其中包括支配皇室费和享有一切荣誉;另一部分主要是审查当选资格的,英吉利民族把这项权利委托给财政大臣,而财政大臣则按议会的大多数议员的意见任免。

路易十四也同查理五世一样,企图把全欧洲都置于世俗裁判权的管辖之下。他最初进行得很顺利,但是后来使法国面临灭亡的边缘。

科学革命

牛顿和洛克出世了,他们创造出使科学向前迈进一大步的伟大新思想。后来,法国人接受了这种思想,并在百科全书中加以发挥。参加百科全书编写工作的,都是法国的最著名学者。

法国的全体文人掀起了反对政府的精神造反。他们大胆议论最重要的政治问题，研究权力的起源问题，发表许多文章来叙述他们认为最好的社会制度。他们鼓吹政治改革，也就是鼓吹革命。

政治革命

法国革命是在百科全书出版后不多几年开始的。下层群众像沉渣一样浮了上来，愚昧无知的阶级掌握了整个政权，但是由于他们无能，结果在富裕中造成了饥荒。一个有天分的人①实现了全体有教养人士的愿望，他改革了君主政体，给它设立了元老院和立法团作为制宪机关。

英国人和法国人，都把重新实现查理五世和路易十四企图置全体欧洲居民于自己的世俗政权的压迫之下的野心，作为自己的任务。这种野心酿成的双方角逐，引起了一场殃及全欧人民的战争。

科学革命

我们在这里要谈一谈未来。我所要说的是一种预言。我本可以大大发挥这一预言，但是我暂时只想谈一谈有关人类科学的部分。

以生理学知识为基础的人类科学，将成为国民教育的学科；凡是受到这一科学知识哺育的人，在达到成年之后，将会在讨论政治问题的时候利用物理学其他各部门用于有关现象的方法。在18世纪的科学著作和19世纪的科学著作之间，将会出现一个差别，

---

① 指拿破仑。——译者

即 18 世纪的一切文献崇尚破坏,而 19 世纪的文献将重视社会的再建。

皇帝的雄才大略能够立即觉察出智力发展的一切趋向,他预见和预先感到了这种革命。他提出用什么方法才能加速科学进步这个问题要求法国科学院解决,从而引起了这场革命。其实,这个问题也是向全世界人提出的,因为他们都希望解决这个问题。这个问题还包括下面两个问题:用什么方法才能恢复欧洲的安宁?用什么方法才能改造欧洲各国的社会和改善人类的命运?此致
敬礼!

你们的最忠实和最顺从的仆人　昂利·圣西门
寄自马松-索尔邦路医学院印刷工人 M.狄多住所

(王燕生译)

论万有引力[*]

---

[*] 《论万有引力》写于1813年底，与《人类科学概论》存在有机的联系，在安凡丹编辑的《圣西门全集》里，把它当作《人类科学概论》的一部分合编在《人类科学概论》之内。圣西门认为万有引力具有普遍意义，一切社会科学均应建立在这一定律的基础之上。但是，圣西门并没有充分发挥和令人信服地论证他的这一古怪思想。

大陆封锁问题是促使圣西门写作《论万有引力》的动因。当时，法国的工商业和欧洲大陆的各国人民，因大陆封锁受到了很大损失。圣西门在本文里提出了这个问题，向拿破仑建议采取他提出的措施，以迫使英国放弃大陆封锁政策。但在本文的叙述里几乎没有具体地论述这个问题，而完全陷入哲学方法论的讨论。我们翻译所据的原文，载于1966年法文版《圣西门全集》第5卷。——译者

迫使英国人承认航海自由的手段

上书皇帝陛下

陛下：兹献上迫使英国人承认航海自由的手段。请陛下颁布如下命令。

皇帝命令：

一、对提出改造欧洲社会的良好方案的设计人，将酬以二千五百万法郎[①]；

二、全体欧洲人，甚至地球上的全体居民，不分民族，都可以提出自己的作品应征；

三、应征的作品应在来年12月1日以前提出；

四、每部应征作品应提出一式三份：一份提交朕，一份提交奥国皇帝，一份提交英国摄政王；

五、朕将邀请奥国皇帝和英国摄政王与朕共同讨论应征的作品，如果这两位国君不采纳朕的建议，朕将单独宣布自己的决定；

---

① 用这样巨额的金钱悬赏来鼓励卓越的学者从事研究这个问题和寻找解决办法，当然是不必要的，但是为了引起社会的重视，把人们的注意力集中在寻求普遍和解的方策上面，却是有此必要。公众中的绝大多数个人，可只根据所提方案在将来会有什么好处来评价这一方案。

六、应征获奖作者的姓名,将在 1815 年 1 月 1 日公布。

皇帝陛下:一切应征作者的作品,要在一点上取得一致的意见,那就是欧洲大陆上的全体人民应当集中自己的力量,迫使英国人承认航海自由。但是,他们还要更加明确地承认另一点,即陛下不应再做莱茵联盟的庇护人,而要把军队撤出意大利,使荷兰恢复自由,停止干涉西班牙的内政。一句话,要恢复各国的天然国界。

如果陛下同意放弃您的征服计划,陛下就会迫使英国人恢复海上航行自由。而如果陛下希望您已有的桂冠再继续大量增加,陛下就会毁坏法兰西,以致最后直接而完全违背您的臣民的意愿。

皇帝陛下:我深信我能够为陛下和您的臣民建立共同的利益。我的这个信念十分坚强,使我敢于振臂疾呼,发表自己深思熟虑的结果。我的动机是纯洁的。我衷心希望陛下光荣和同胞们幸福。陛下在任何情况下都经常以宽大为怀,这使我得到一个可靠的保证,相信陛下会宽恕我敢于大胆陈言,讲出我的思想发展使我不能不说出的一些话。

乍看起来,我提出的办法或许像哲学家的梦想,跟圣皮埃尔神甫[①]的持久和平计划一模一样。

我想对陛下略进数言,证明我的目标不是幻想,而是现实。

为了能够得出答案,我曾仔细地研究过这个问题。我恳请陛下圣鉴,接受我献给您的这部著作。

我把我的改造欧洲社会计划的草案叫作《论万有引力》,因为万有引力的观念应当成为新哲学理论的基础,而欧洲的新政治体

---

① 参看第 10 页注①。——译者

系则应是新哲学的成果。虽然我不得不作相当深奥的抽象叙述,但是我希望我的想法能具有明确的甚至引人入胜的形式。我敢相信,只要陛下一读拙著,就会对它感到兴趣盎然。如果陛下不肯开恩亲览,我将感到不幸,因为任何一个人都不能像陛下这样有权威来评定这部著作。

皇帝陛下:人类理性的进步已经达到这样的地步:政治问题的最重要论据已经可以并且应当直接从高级科学和物理科学方面获得的知识产生出来。赋予政治以实证性质,这就是我的成名成家思想所要追求的目的。如果我的倡议得以实现,那么,我将因它能增添我深为钦佩的陛下的德政光泽而感到莫大荣幸。谨呈

陛下!

您的最忠实、最顺从、最听话的臣民谨叩

前　言

先生们：

一个儿童，要想将来身强力壮，就得长期不断地受到周围人的照顾。对于思想也可以这样说。一般被人公认的原则，在它产生的时候，只不过是初步的刍议。后来，享有学派信誉的人支持这项刍议，促进它发展成长，使它具备了稳固的性质。我请诸位先生善意地对待我提出的著作。

我准备谈一谈万有引力。这个观念对于物理学家的关系，正如神的观念对于神学家的关系一样。为了研究这个共性的共性，找到改进它的认识手段，思想必须特别集中。

我把这部著作分为三个部分。

我准备在第一部分叙述原则，在第二部分研究这些原则对于引力观念的应用，在第三部分阐明这些原则对于我们的知识体系的一般应用。

其中的每一部分都是单独研究的对象。题目本身就十分重要，而内容又十分丰富，以致全部问题不是一篇论文可以讨论完的。因此，我首先以三篇研究报告提纲的形式，向诸位概括地介绍一下我的著作。现在，我就把这三篇研究报告的提纲依次提交贵学术法庭审查。

第一篇研究报告的提纲

导 言

人们认为使用水泥最少的房屋是最好的,而铆焊最少的机器则是最完美的。对于精神产品也可以这样说。用最少的词句使全篇连贯起来的作品是最有价值的。希波克拉底①的《箴言》比其他任何书籍都写得好。正因为这样,它才一直拥有最多的欣赏者。先生们,我现在向大家介绍的思想,都以纯朴的自然形式出现。除了叙述的次序所需要的联系以外,其中不加其他任何联系。

第一种思想

有两种观念,其性质完全不同,不管你怎样设法去隐瞒其中一种观念的真正起源,或赋予它以非本身所固有的性质,也总是会查出它是出于来源 A,还是出于来源 B。

对事物可以先天地(à priori)认识或后天地(à posteriori)认识。

---

① 希波克拉底(Hippocrates,公元前约460—前377年),古希腊天才思想家和医生,为几乎一切医学科目奠定了经验医术的基础。《箴言》是希波克拉底的一部医学著作。——译者

在第一种场合下，可以有效地用观念来联系所观察的事实；但是，要想用观念来精确地规定事实或发现新的事实，那是徒劳无功的。

在后天地认识事物时，情况与此完全相反。这时认识以精确的事实为根据，它引导我们的理性沿着有助于发现新事实的道路前进。

先生们，我们的观念诚然有两种，其性质完全不同，但是它们却有一个共同的起源，即都来自我们的感觉。问题在于我们的感觉并不是同一原因的结果。外部对象作用于我们的身体时，特别是作用于我们的感官时，产生的是一种感觉；而内部生命力（潜在力量）的作用，则由于它对我们的器官和感官发生影响，而决定着另一种感觉的形成。一些感觉来自我们身体的外表，然后传达到中枢；另一些感觉则在中枢产生，然后向四周的外表扩散。按本质来说，前一种感觉是后天的，而后一种感觉则是先天的。

经过深思不难确信，而且也容易从经验上证明，任何一种观念所固有的共性或个性的特点，都永远不会消失。某种观念的个性，绝不与其他观念的原来的个性相同，而前一类观念的共性也绝不与其他观念的共性相等。由此可以得出结论：对后天地认识的观念应当经过再认识，以使它取得完全的先天性；或者相反，对先天地认识的观念也应当经过再认识，以使它取得完全的后天性。

第二种思想

至今，只是根据形而上学观点的考察，把科学研究分为先天的科学研究和后天的科学研究。至今,人们认为各种不同的现象,可以用这两种方法中的任何一种来研究,或同时并用两种方法来研究。我们对此持有不同的看法,我们要从物理学观点来考察这种分类。我们将要说明,只有一类现象可用后天方法来研究,而另一部分科学,我们总认为是先天的。

物理学这门科学分成两大部门,即分成有机体物理学和无机体物理学。我们感官的证实作用是研究无机体物理学的基础。但是,我们感官所作的证明,显然是后天思维的出发点,所以十分清楚,在研究这门知识的时候,我们应当走后天的道路。

在有机体物理学中,我们的生命力(被看作潜在力量)的作用是我们一切研究的出发点,因为我们总是根据类推原则,来判断其他有机体内的全部和部分生命现象的细节的。有时产生这种情况(对此还始终没有人指出):当由后天考察向先天条件过渡时,实际上就是由无机体物理研究向有机体物理研究过渡;反之亦然。

从物理学上来讲,对生命作出正确的定义是划定先天感觉和后天感觉的分界线的唯一手段和可靠手段。

从物理学上来讲,生命是物质的一个点,我们的一切生命力都向这一点集中,并由这一点向四周扩散。后天感觉是生命力由我们身体的外表向集中点会合的结果,而先天感觉则是生命力扩散活动的结果。

先生们,如果你们肯下工夫,深入了解这一思想,做到必须把它掌握为止,那么,这种思想在你们这些比我高明得多的人士手中,将会变成最有价值的科学源泉。

第三种思想

这种思想完全不是我的思想数列中的必要一项，它只是第二种思想附带的成分。本节的内容是讨论上一节所确定的原则的应用。在这里，我要列举一些证据，以证明这一原则的巨大好处；同时指出，根据这一原则，可对原因至今不明的一些非常重要的事实作出满意的解释。

达兰贝尔在他的《百科全书引论》中，孔多塞在他的《人类理性进步的历史概观》中，以及论述知识起源的其他一切作者，都承认最初被人研究的科学是天文学和医学，但是其中没有一位作者指出这个事实的重大意义，谁也没有说明它的原因，而我们现在却很容易把这个原因找到。

我们的观念不外是我们利用表示感觉的符号进行加工和随意再现的感觉。

我们的知识不外是连接起来的观念数列。

因此，既然我们的知识来自我们的观念，而我们的观念则直接产生于我们的感觉，那么由此可见，我们的知识和我们的观念，都应当根据物理学观点分成两个不同的类别，因为我们在上一节已经明确指出，我们存在着两种感觉：一种感觉来自集中的生命活动，另一种感觉来自扩散的生命活动。

上述的一切首先说明一个事实，那就是科学从它诞生之日起，就被分成两个彼此非常不同的部门；其次说明我们现在称为无机体物理学和有机体物理学的这两个部门，在它们产生的时候就有两个萌芽:其中的一个萌芽叫天文学,另一个萌芽叫医学。

还有一个非常明显的事实,它是上述情况的必然结果,但至今还未引人注意。这个事实就是:人们的两种感觉,从而也就是我们的两个知识部门,都是在同一个时代获得最优越的成就的。也就是说,在无机体物理学中有什么发现的时候,有机体物理学也必然会有重大的进步。

比如,哈维是伽利略的同时代人,洛克和牛顿生于同一时代。

我们并不想因此就说:我们在两门物理学方面的知识的进步,一定发生在昌盛的时代。相反地,我们在以后的一节中将要指出:从柏拉图到阿拉伯的哈里发时期,人类科学的发展比无机体科学迅速得多;而从7、8世纪的阿拉伯人到我们这个时代,人类的理性则在无机体科学方面特别进步。为了总括和概述最后这两种想法,我们可以这样来说:我们神经系统的生命流体的呼吸活动(它是感觉的基本原因),总以呼出和吸入的形式出现——呼出是我们的被动感觉、后天活动和无机体物理认识的原因,而吸入则是我们的能动感觉、先天活动的进步和有机体物理学的成就的原因。我们说,生命流体的呼吸活动总是表现得十分明显,但不一定相同,因为证明生命流体的集中活动结果的科学资料,在以前的十一个世纪就已积累得很丰富了,而说明生命流体的扩散活动的资料,则在后来的十一个世纪才多了起来。

我们可以看到,现在恢复了平衡,因为后来发生了相互补偿作用。

本书的篇幅有限,我们只能作扼要的叙述。如果我们是向没有受过高深教育的人或凡夫俗子解释,我们就应当详细发挥以上所述的观点,但是,诸位先生,你们的科学才能,无论从禀赋来说,还是从学识来说,都使我们可以不必赘述,而只向你们直接提出最终的结论就可以了。如果让诸位浪费很多时间来阅读我的著作,我也感到过意不去;你们对此抱有成见,也不会对我不利,因为我在学术界还没有任何声望。

第四种思想

我们在"第二种思想"中已经指出,至今只是根据形而上学的观点,把科学著作分成先天科学著作和后天科学著作。我们现在要说,在这方面,人们的认识还很不全面。为此,我在研究过程中要回述到伟大的培根时代,因为他现在仍在英法两国的哲学界中占据首位,因为自从这位伟人逝世以后,还没有一位学者能在思想方面达到他那样高度的概括水平。

培根当然对科学做了很大贡献,但还没有达到人们所想象的那种程度。他的贡献至今仍被人们夸大,显然超过了他实际应得的荣誉。培根并不是像人们所认为的那样,是精通万事的完人。可以证明这种看法的是,培根没有彻底阐明关于方法论的思想,而是像我们所指出的,他反而把这种思想弄乱了。

在法国,人人都在谈论这位作者,但是读他作品的人却很少。他的作品的精髓,只是由于孔狄亚克的介绍,才被人们了解。孔狄亚克论证了培根关于方法论的思想。为了使人人都能理解,我们的证明当然要直接涉及孔狄亚克所发挥的一些原则。

证　　明

这个证明涉及一个最重要的形而上学问题,它非常简要,又是至今所作的一切证明中最完整的证明。只要把问题提出,解决的办法就自然会产生出来。但是,问题的这种提法,既要求我们特别细心,又要求你们密切注意。现在,我们利用事先判断,来精确地规定我们想要阐述的要点。

事先判断:

一、用两种方式表达关于个别事实向主要事实上升的思想:为了表达这一思想的被动方面,人们使用了后天地这一术语,而用分析这一术语表达这一思想的主动方面。

术语先天地相当于综合的主动形式。

二、为了正确地论述方法,必须清晰明确地了解下述三个判断过程:第一,就是在所研究的问题有数量非常多的中间判断,而这些中间判断又是按照其共性的大小依次排列的时候,在问题的最个别判断和最一般判断之间建立的过程;第二,就是把所有的个别判断归纳成一般判断的过程;第三,就是从最一般判断下降到最个别判断的过程。后两种过程可以互相证实。

三、孔狄亚克完全令人信服地证明,只有一种方式可以最明确地表达观念。这种方式就是用定义十分明确的各种术语来表达观念。如果我们的语言十分丰富,作出正确的论断并不困难,甚至不可能作出不正确的论断。

现在,只须用几句话就可以解决这个重要问题,并且可以证明人们现在对于最初由培根提出而后来由孔狄亚克论证、确定和建立起来的方法所持的看法，正处在可怕的混乱状态。这是一场真正的大混乱，如果不创造一种新的语言，那是无法廓清的。

先生们，请你们回味一下人们在听到重大发现时所产生的感想。诸位可能说：这个发现太容易了，容易得使人觉得它未被大家及早发现而感到惊奇和难以置信。请你们再等一些时候，就会与我们共同庆祝在你们面前出现的改革。这种改革具有可以形成某种理论的最重要形而上学因素。

解 决 办 法

孔狄亚克用分析这一术语来表达下述的一般判断过程：在判断过程中需要建立中间判断，并以尽量增加中间判断的数量为目的，也就是说，尽量从最多方面和从四面八方来考察所研究的问题。他也用分析这个术语来表达两个次要判断过程中的一个过程，即表达由个别的事实、观念或判断上升到一般的事实、观念和判断的过程。他用综合这一术语来专门表达另一个次要判断过程，即表达由一般观念下降到个别观念的过程。

先生们，由此可以明显看出：

一、孔狄亚克把关于方法的概念弄得一塌糊涂，使分析这一术语具有了两个完全不同的意义，而对这两种不同的意义，又绝对必须用完全不同和十分明确的术语来区别。

二、孔狄亚克，从而也有培根（这种虚假方法的真正发明人），给予后天判断方法的重视大大高于先天判断方法，因为他们在用分析一词规定这种方法时，也同规定一般判断过程一样，把这两种过程合而为一了。这样做只能降低综合这一判断过程的作用，而必然把综合同分析等量齐观,即认为综合的重要性和效用不过跟次要的分析过程相等,其实分析应是综合的对偶。

三、最后,说明关于方法的概念的唯一方式应是用一个术语表达主要过程,而对每一个次要过程则用其他术语来表达。

先生们,当我们利用我们所取得的选择用语的权利指出创造这个用语的全部好处之后,把应当作为任何理论的基础的一般过程称为笛卡尔式过程,你们应当承认这是公正的。我相信你们一定会赞同我的这种爱国主义热情,它将激励我们立即摆脱很长时期以来压在我们头上的英国的科学枷锁。

第五种思想

我们在上一节里已经明确地指出培根所犯的错误,在这一节里我们来揭示它的原因。人,甚至是最精明强干的人,都是环境的产物。因此,正确地叙述培根所处的环境,会使我们了解环境对培根哲学产生的影响。

促使北方各族文明开化的基督教遏止了在意大利风行的荒淫生活习气,促进了欧洲地区的开发、欧洲沼泽地带的排干、欧洲气候的改善、道路和桥梁的敷设和医院的建立;基督教在人民中间传播了读书识字的重要学问,使各地实行了人口登记制度,开展了搜集历史资料的工作,削弱和几乎消灭了奴隶制度,最后组成了从未有过的人口最多的政治社会。我们说,基督教在做出这一切重大贡献之后,就成了一种已经完成自己使命和做出一切贡献的制度。现在,基督教已经过时了。这个制度在各个方面:无论在它为社会规定的法律方面,还是在它用来统治社会的法官方面;无论在它传播的道德方面,还是在受它鼓励而活动的传道者方面,都已成为社会的累赘。

在像培根这样精明的人的眼里,宗教只是、也只能是一般的科学理论,而理论只是用来建立各种事实之间的联系的。自从基督教理论建立以来,已经有一千五百多年了;但它未能把人类理性在这一千五百年间所掌握的知识整理得井井有条,这是不足为奇的;实际上,它也不可能把它成立以后所发现的各种事实都联系起来。

阿拉伯人改革了科学的两个主要部门,因为他们同时建立了新的天文学派和新的医学学说。在他们给科学指出的新方向方面,已经有了许多新发现;但是,为了建立新的科学大厦,还必须收集所需要的大量资料。培根清晰地意识到,人类理性有继续进行本身的探索的需要。因此,他一方面力图破坏在取得宗教性质以后而拥有巨大力量的旧理论的威信,另一方面又提出许多方法来引导理智到各科学部门去探索新的发现。

由此可见,培根为他生活的时代做出了他所能做出的贡献,说出了他所能说出的最好言论,写出了他所能写出的最好作品,从而竭尽他的全力打击了先天哲学的威信,并且全力促进了后天哲学的发展。

先生们,你们是不是认为,如果培根今天死而复活,也会说出这些话来呢?请你们设想一下,这位伟人今天真正复活过来,并前来参加法国科学院①的会议的情况吧!如果他看到第一学院的任

---

① 参看第7页注①。——译者

何一个学部都没有研究哲学问题,看到这个无所不包的学术机关竟然没有一个学院研究哲学问题,他会感到何等的惊讶!像培根这样的人,一位在各种学术工作方面都堪称师表的人,要想参加科学院,不管他以什么理由提出,都进不了第一学院,第二学院只能把他看成是一位天资聪敏的人,而第三学院则只能把他看作一位有学问的人。

请你们设想一下,这位哲学家从法国科学院出来,再到一所大学去的情况吧!如果他看到这个以教育为己任的学术机关,与以改进科学为目的的学术机关没有任何有机联系,他会感到何等的惊讶!

请你们设想一下,他离开了这所大学,接着又遍访欧洲各国内阁的情况吧!如果他看到各国内阁都清楚地意识到自己处在不受人民欢迎的境地,看到各国内阁都使用微不足道的资金去医治社会的巨大创伤,他会感到何等的惊讶!他会十分惊奇地看到,在这里竟没有一个人感到有必要恢复欧洲各国人民共同的政治机构,以便在政治上把他们联合起来和制止每个国家的民族野心。

我们已经叙述得相当充分,只要再向前迈出一步,就可以到达一般观念了。在这科学的进军中,来到智慧顶峰跟前而不攀登上去,却又回到我们思想的出发点,未免是懦弱无能的表现。先生们,振奋起来吧!我得到一种灵感,好像培根在通过我的嘴说话……下面,就是培根首先对法国科学院说的话:

"先生们,你们有一百六十个人。你们无论在天才方面,还是在学识方面,都是出类拔萃的人物。你们定期出席会议。你们被分配在各个学院和学部,研究各科学部门的知识。你们有主席,也有秘书,但是算不了一个学术团体,因为你们只是凑在一起的一群学者,你们的工作没有任何完整的东西。你们的工作成果只是一大堆错综复杂的思想,因为你们的思想没有用一个统一的一般观念联合起来,你们的团体组织得没有系统。你们的组织所以有这些缺点,是因为你们只是部分地,从而是间接地和不能令人满意地回答皇帝向你们提出的下述重大问题:应当使用什么办法来加速知识的进步?

先生们,你们不想组织起来吗?这再也容易不过了:请你们选定一个观点,使其余的一切观点都能与它发生关系,并能由它引导出作为它的结果的一切原则。这样,你们就会有哲学了。毫无疑问,这种哲学将以万有引力的观念为基础。你们的一切工作从这时开始,也将具有系统性。至于你们团体的组织方法,这也非常简单,因为各部门都是同样的。请你们指定一个学院专门研究哲学,委托你们吸收进入这个学院的人员从万有引力的观念出发,用他们的先天方法或后天方法,把一切已知的现象总结起来或联合起来。这样,无论从主动的方面来说,还是从被动的方面来说,即无论从思想方面来说,还是从组织方面来说,你们都将有系统地组织起来。你们的力量,在上述两个方面都将是不可估量的。"

接着,培根又向大学发表谈话:

"你们的组织只是中间性的和短期的。如果你们不立即采取措施来加强自己的组织,它必然只能存在一个很短的时间。你们能够达到这个目的的唯一可行的措施如下:

一、尽可能同法国科学院接近,与它密切合作,以便组成一个伟大的、统一的法兰西学术团体。这样,这个学术团体将由两个职能完全不同的部分构成,即由改进科学的科学院和你们这个传授科学的学校构成。

二、绝对不要忘记,在传授科学的时候,应当多用先天方法,而少用后天方法。

三、要尽快在委托你们实行的国民教育中开设哲学课程,这门课程应以万有引力的观念为基础,以根据这个原则尽可能直接说明各类现象为己任。"

最后,培根到杜伊勒宫向皇帝进谏,禀奏道:

"皇帝陛下:圣上的大军,从卡迪斯①到莫斯科,从汉堡到意大利南端,席卷了整个欧洲大陆;圣上的武功已登峰造极,而陛下为使武功继续增加所做的努力,只会使武功逐渐减少。在陛下登极的最初几年,是历史上的最辉煌时期。现在,陛下已经达到成年,陛下的政务也应当具有与这个生活时期相适应的安静稳定的性质。

皇帝陛下,圣上曾以查理大帝为楷模。在军事方面,陛下

---

① 在法国的西部。——译者

大大超过了查理大帝,但是查理大帝不仅是一个军人,而且在政治方面也很英明。他是欧洲的最伟大政治家。陛下的雄才大略难道能在这一方面甘拜下风吗?

查理大帝是欧洲社会的真正组织者,他利用政治联系有条不紊地把欧洲各族人民联合起来。从8世纪到15世纪,这个政治联系从未被破坏,而是卓有成效地执行着它的使命。但是自15世纪迄今,它逐渐趋于松弛,而目前已被陛下完全摧毁,因为陛下剥夺了教皇对罗马行使的主权。

查理大帝明白,整个世界及其所属岛屿上的居民人数众多,而且是由许多民族构成的。这些民族的风俗习惯极不相同,操着完全不同的语言,互相被天然境界隔开,生活在气候条件不同的地方,所吃的食物也不一样,所以不能统统由一个政府管辖。他也明白,这些居住在相邻地域的不同民族,如果不以共同的一般观念联系起来,如果不由最有学问的人组成的团体负责采用一般原则来解决对这些民族有共同利害关系的问题,如果不成立国际法庭,就必然不断地互相征战。查理大帝明白,宗教是欧洲各族人民的共同道德法典,由宗教的神职人员组成的管理机关,也应当具有一般机关的性质。最后,他也明白,必须使宗教和僧侣阶级的首领拥有独立的权限,从而使他们不直接听命于任何一个国家的政府。这就是使他授权教皇管辖罗马及其领土的原因。

皇帝陛下:我现在把我要向圣上奏明的问题分成三个部分来叙述。在第一部分,我准备略述从查理大帝到15世纪发生的事件。在第二部分,我一方面要向圣上说明查理大帝用来联合欧洲各族人民的政治联系是怎样在文明进步的影响下逐渐破裂的,另一方面说明科学的进步如何提供了改组欧洲社会和改进欧洲政治体系的方法。在第三部分,我想坦率地向陛下提出一种方法,使您可以把您的万能智慧和强大权力用来为欧洲造福,为法兰西民族增光,以及用来满足陛下个人的意愿。后代需要您及时进行的这些工作,会使陛下比您所借鉴的查理大帝更为英明。"

第 一 部 分

"人们把历史称为君主的咨政纲鉴,然而人们认为这部纲鉴对君主如何治理国家却毫无用处。从科学观点来说,历史学实际上还没有脱离摇篮时期。人类知识的这一重要部门,迄今不过是一堆多少比较精确的事实。但是,这些事实没有用任何理论贯串起来,还没有按前后一贯的次序联合起来。因此,无论对君主来说,还是对他们的臣民来说,历史还是非常不能令人满意的借鉴。它既没有为君主,又没有为臣民提出过继往开来的方法。目前,只有各个民族的历史,而这些历史的作者又都以过高评价自己同胞和大力贬低敌人为其主要任务。还没有一个历史学家采用过一般观点,也没有一个人写过全人类的历史。最后,还没有一个人向君主进谏,直言什么是所发生的事件的后果,什么是文明所向的自然秩序,什么是陛下应当运用大权追求的目标。"

"仅向君主们进言说,他们应为臣民的幸福而勤政。这就等于向他们说了一句对于指导他们的活动毫无现实意义的空话。我本来可以大大发挥这段前言,并能把它说得津津有味,但是考虑到陛下的时间非常宝贵,不能浪费在消遣方面。因此,我准备只用一个论点来结束这次讲话。这个论点就是:使各国的现代历史学家能够取得一致看法的唯一重点,乃是我即将证明的一种错误见解。他们都把从9世纪到15世纪这段期间叫作野蛮时代。其实不然,人们正是在这几个世纪当中,建立了使得欧洲社会在政治方面绝对优胜于以前时期的所有机构。"

"我们先来考察一下从9世纪到15世纪都建立了哪些主要的政治机构;然后研究其中每个机构的宗旨,分析它们所作的斗争怎样得以有助于社会秩序的维持,甚至有助于社会秩序的改进。"

"把权力分成精神权力和世俗权力,这是人们想出的第一个划分。这一划分好得无以复加,它是直接从我们的思维能力分为先天的事物观察力和后天的事物观察力而产生的。精神权力是在政治上应用我们的先天的事物观察力,而世俗权力则是我们的后天的事物观察力所产生的政治活动。这两种权力各有其天然界限。这种界限也像我方才说过的思维能力的划分一样,把这两种权力彼此分开。如果用先天方法观察事物,我们很容易沿着最初的几级阶梯下降,但是随着逐渐离开出发点,我们由一般事实向个别事实的过渡就会越来越不可靠。在我们从个别事实出发向一般事实前进的时候,则会出现相反的缺欠。这时,我们可以自由地沿着最初的几级阶梯上升,但是越到后来,要想走向一般事实,就很没有把握了。在政治方面,精神权力可以正确地判断对所有民族都具有共同利害关系的问题。但是,在谈到调整每个民族的个别利益的时候,精神权力的活动就不可靠了,甚至是有妨害的了。世俗权力与此不同,它是其所辖的每个民族的个别利益的最好调整者,但在各民族共同的一般利益方面，它始终不会得出良好的结果。然而，从9世纪到15世纪，精神权力的影响始终与世俗权力的影响平衡，因为其中的任何一方都没有能够吞并对方。实际上，欧洲在这五百年间，完全得到了来自良好社会组织的共同好处。欧洲所以能够得到这种好处，是因为从未有过一次规模巨大的阋墙战争破坏欧洲的安宁。除了欧洲社会曾同宣传伊斯兰教的亚非人民发生过几次战争以外，欧洲内部没有爆发过全面的大战。许多18世纪作家，只从十字军东征给欧洲带来的害处方面来研究十字军东征。但是，如果不偏不倚地拿这些害处同十字军东征带来的好处相比，我们就会发现好处大于害处。"

"在萨拉森人的首领们的脑海里经常出现征服欧洲的计划，而穆罕默德传给他们的宗教狂热又在经常鼓舞他们去实现这个计划。为了迫使萨拉森人放弃这项计划，必须对他们进攻，从而迫使他们注意保卫自己的老巢。"

附注：先生们，我非常希望这段插笔能够引起你们的兴趣，但是也热烈地希望你们读完之后不要对它念念不忘，以使你们可以把全副精力用于研究我在本篇里主要想发挥的观念数列。简而言之，我请你们暂时把死而复生的培根所说的话忘掉，而只钻研维鲁拉姆男爵①给我们留下的作品。

第 六 种 思 想

正如我们在上一节所指出的那样，环境没有促使培根成为一

---

① 维鲁拉姆男爵（Baron Verulam），即培根。——译者

位能够概括全般的完人。因此,他不可能达到最高的科学观点。为了寻找一位最能概括地考察科学的哲学家,必须回溯到古代的苏格拉底。苏拉格底是第一个,而且也是唯一的一个能对整个科学领域一览无遗的人。有人会问我们:苏格拉底的著作没有传到今日,你这一见解有什么根据呢?我们对这个问题的回答是:我们根据一个事实,这个事实虽然只与我们的问题有间接关系,但是能为我们的判断提供一个非常可靠的根据。这个事实的内容如下:苏格拉底的学派后来分成两支,即分成两个小派,其中的一派采用了先天的判断方法,而另一派则经常在自己的科学研究中运用后天判断法。因为两个学派都明确宣称自己师宗苏格拉底的学说,所以由此可以显然看出,这位哲学家在自己的学说中既使用了先天法,又运用了后天法;而他的学生们,则根据自己的看法,有的采用了前一种方法,有的使用了后一种方法。又因为在苏格拉底逝世以后,没有一个门徒能够兼用两种方法,所以他的学派终于分成了两个小派。由此可以证明,苏格拉底所教导和传授的,正如以上所述,是最高的哲学,即具有绝对共性的哲学。

第七种思想

先生们,苏格拉底逝世至今有二千三百年了。在这一期间的头十一至十二个世纪里,柏拉图的哲学,即先天的方法占据优势。在这以后的十一至十二个世纪里,亚里士多德的作品,即后天的哲学占了上风。可见人类的理性又经历了一个伟大的哲学时期。因此,目前的环境要求出现一位具有天赋的哲学才智的伟人,把苏格拉底的观点继承下来。

先生们,这一思想是我在这篇研究报告中想要向诸位阐述的观念数列的最后一项。为了使你们能够按照苏格拉底的方法思考,我现在向你们介绍一些用先天方法想出和认识出来的同类思想。我把本篇的这个第二部分叫作"苏格拉底对学生的讲话"。我借用苏格拉底的口发表的思想,如果他在世的时候能够预见到从那时到现在所发生的一切,他也会自己说出来的。

苏格拉底对学生的讲话

信仰数个有灵性的基因是荒谬透顶的事情,因为它们彼此不断敌对,不按它们尊为最高首领的宙斯的意志行事,反而嘲弄宙斯。如果世界是被这些有灵性的基因支配的话,那么,它就要处在一团混乱的状态。我们看到,宇宙的秩序井然得使人惊奇。为了使世界存有这种秩序,必然有一个单一的基因支配宇宙。

希腊人以他们拥有的知识自豪。如果只拿他们的知识与在他们之前的其他各族人民的知识比较,希腊人是有权自豪的。但是,如果拿他们知道的东西与他们尚待学习的东西比较,他们就不会满足于自己的文明了。他们被想象所控制,他们的注意力几乎完全集中在美术上。他们在这方面的能力,强大得使我怀疑他们的后裔能否赶得上他们。不过,这样就能占据首要的地位吗? 我不以为然,我把美术只看成是消遣。我觉得在一切科学中,最重要的乃是哲学。

哲学家站在思想的顶峰,他由这里俯瞰世界,观察世界过去是什么样子和将来应该变成什么样子。他不仅是一位观众,而且是一个剧中人。他是在道德世界中起最主要作用的角色,因为他对世界将来应当变成什么样所持的观点支配着人类社会。在没有跟你们谈论世界将来应当变成什么样以前,在没有要求你们协助我把人类社会组织得最为幸福以前,我打算略微谈一谈过去,因为温故知新,而对于未来所作的判断经常要以过去为基础。我对于这一点只作极其扼要的说明,因为有关这方面的思想,你们早就知道了。

最初的人类超出在机体的发展阶段达到仅次于人类的动物的地方,只在于人类智力的优越性,而这种优越性则直接来自人类的组织结构的优越性。但是这种智力的优越性也是很微弱的,几乎是觉察不出来的。人类在发达到形成语言以前,经历了一段漫长的时间。只是从语言完全形成(以抽象符号的形成和一般观念——原因、结果——的分立为标志的时代)以后,人类的智力才比其他动物的智力具有绝对的优势,即出现了一条明确的分界线,把人类的智力同低级动物的本能分开。我认为这一切成果只是事先的准备,如果没有完成这种准备,人类的理性就不可能拟出正确的工作计划,也不可能想出引导自己进行研究和思考的方法。

我想确立科学体系应当经常依据的一般观念。

对于我们每一个人来说,宇宙是由两个部分构成的:一部分是我们当中的每一个"我",另一部分是这个"我"之外的外界。我把大的部分称为大世界,把小的部分称为小世界。大世界对小世界,或者小世界对大世界,经常起着作用和反作用。

大世界和小世界是两个绝对相似的现象。两者之间的全部差异,只表现在规模大小和时间长短方面。

我们可以用两种方式来研究宇宙：既可以从小世界来研究，又可以从大世界来研究。这两种方法之间有本质的差异。我们认识大世界，主要研究它从外周到中心的活动；而认识小世界，则主要研究它从中心到外周的活动。用第一种方法研究宇宙是后天的研究，而第二种研究则是先天的研究。

一切小世界，在一切最重要的方面都彼此相似。因此，在我研究我本身的时候，就同时研究着其余的一切人；在我向你们传达我对我认为有利或有害于我的幸福的一切活动所作的观察时，我很想使一切人都和睦相处。这就是哲学应当为自己规定的主要目的。

我说哲学家主要应当从小世界来研究宇宙，但是，我并不因此主张哲学家应当轻视对大世界的观察，因为这两种研究是相辅相成，密切地交织在一起的，如果完全放弃其中的一项研究的线索，就会找不到另一项研究的头绪。

柏拉图，我承认你的智慧高于你的同侪。我认为，这就是你可以成为我的继承人，继我之后领导我所创立的学派的保证。因此，我主要向你说明一下我的学派在我死后将会遇到的情况，即直接向你揭示人类最遥远的将来。

亲爱的柏拉图，你的智慧的特点要求你从小世界去研究宇宙，并且要尽可能专门去研究它。你的想象力极为丰富，当你成了学派的领袖以后，这种想象力会更加旺盛。想象力会对你发生很大的作用，以致你会觉得你好像清晰地感到大世界的中心和构成你的灵魂的那个世界的中心之间，因有无数的中间环节而存在着联系；你会觉得你好像摆脱了你所受的束缚，离开了与你并存的一切东西；你会从观念上感到自己超然于宇宙之外，好像你看到了宇宙是怎样运行的，好像你在无拘无束地跟最关心宇宙运行的上帝交谈。

你在将来讲学的过程中，既会有优点，又会有缺点。你要用这种方法确立必要的一般观念，以便奠定伟大的政治体系的基础，指出组织人数众多的社会的方法。我们现在的政治社会只由数十万人组成，而且其中只有数千人是自由人。将来根据你制定的原则建立起来的社会，将有数亿人之多①。你所制定的原则将会成为人们乐意跟随的向导，因为你把这些原则已经解释得十分清楚，好像它们是由既支配着大世界又支配着一切小世界的伟大自然秩序产生的。这些原则完全相信你的学说，因为你的学说把它们解释得明确而中肯。最后，当你的信徒看到你的判断所依据的观念，是认为在宇宙中小世界起着主要作用，而大世界只是为了满足小世界的快乐才由伟大的自然秩序规定的时候，他们的自尊心也会得到满足。

我的亲爱的柏拉图，你将建立起完整的形而上学，而你的物理学将会令人厌烦。你会把一般原则巧妙地调和起来，但在说明个别事实时将会非常拙劣。

你的最有才华的学生发现你的方法的缺点以后，便会采取与你截然相反的方法。他将宣传这种方法，并将创立一个跟你的学派相反的学派。这个学派的原则将是：我们的一切认识来自我们的感觉。这个原则显然属于后天方法。于是，出现了你的学派的

---

① 欧洲社会现在就是由数亿人构成的。

永久反对派,而在你的学派中,人们仍将效法你的先天法。①

在我去世以后,将出现两个学派,它们把原来只集中在我一个学派的工作分开,即在你创立的学派方面,以先天法研究事物,并尽可能只从小世界方面去考察宇宙;而在你的最有才华的学生创立的学派方面,将主要从大世界方面去研究宇宙,从外周到中心来观察事物。在我向你说明这两个学派的情况以前,我要略微谈一谈这种分裂所造成的优缺点。

科学工作只集中在一个学派的优点,在于可以同时进行先天的判断和后天的判断,以及可以同时从大世界和小世界去研究宇宙,所以一类研究的过程可以证实和补充另一类研究的过程。但是,在分裂成两个学派以后,就会建立无限广泛的事实数列,使这些事实得到最深刻的研究,因为每个学派都会根据自己的宗旨,尽可能用同一种判断方法去深入自己的研究。

现在,我向你谈一谈你将来建立的学派和你的最有才华的学生将要建立的学派的命运。

在人类今后的整个生存时期,这两个学派将要同时并存,轮流互占优劣地位,但是优势始终不会是完全的。到任何时候,一个学派也不会使另一个学派完全屈服。你的学派将在一千年或一千二百年间比你的学生建立的学派拥有更多的追随者,你的学生建立

---

① 苏格拉底的这个预言得到证实:亚里士多德成了柏拉图的敌手和竞争者。学院派和逍遥派*从此开始存在,而且现在仍然存在,并在互相斗争。代表学院派的有德国的哲学家,代表逍遥派的有法国和英国的学派。

* 学院派也称柏拉图学派,由柏拉图的讲学地点 Academie(学院)而得名。逍遥派也称亚里士多德学派,这个名词来自希腊语的动词 Peripatein(散步)。亚里士多德通常是在同学生们散步时讲学的。——译者

的学派也将在同样长的期间内,即在十一二个世纪内比你的学派占据优势①。

当然,你非常希望知道在我为你的学派预言能够取得成功的十一二个世纪间将要发生的重大事件。我现在来告诉你。

我向你传授的哲学思想对人类肯定有好处,但是福也伏祸,从来没有不伏大祸的大福。这些思想导致了希腊社会的覆灭。在这个社会里,主要的联系纽带是其中的各族人民对特尔斐神殿及其祭司的预言的尊敬。我要破坏你们的诸神享有的尊敬,破坏这些神的祭司所受的尊敬。这样,我也就能破坏连接希腊各族人民的纽带。希腊人的力量在于他们的团结。一旦他们四分五裂,就容易被人征服,屈从于他族。这就是罗马人要对他们进行统治。罗马人占领这块土地以后,又要被蛮族打败,蛮族将由罗马人的武力所及的最远地区的沙漠和森林地带入侵。这时,人类才感到必须根据比现今所理解的更为广泛和更为博爱的观念来建立社会组织。柏拉图,你将要传布的原则,在最初的五百年或六百年内只会被少数人所接受,并且会具有宗教原则的意义,即神启原则的意

---

① 苏格拉底的预言完全得到证实,因为柏拉图主义成了建立宗教的基础,教父们都是柏拉图主义的信徒,他们在公元最初几个世纪是社会上的唯一学者;因为柏拉图主义从它成立之日(约在公元前四百年)起到8世纪,一直比亚里士多德的学说占据优势,而在8世纪的时候,阿拉伯人把亚里士多德的著作翻译过去,并使它们占据领导地位共达一千一百年之久。这是苏格拉底预言他的学生或他学生将要建立的学派约有一千年或一千二百年繁荣期的平均数。

亚里士多德的学派由于阿拉伯人而取得了新的力量和荣誉,并且开始占据优势地位。这个学派的精神成了培根主义的基础,现在仍比柏拉图主义占优势。虽然德国人用尽一切力量来抬高柏拉图主义,但是亚里士多德学派从8世纪到19世纪一直占优势,优势的期限也正如苏格拉底所预言的,为十一个世纪。

义。这种原则将使欧洲社会的大部分人得到开化,一切社会阶级都会信仰它们。但是,由于事物的本性,一切制度都要逐渐腐朽,所以曾经作为反对派而积极和无私地活动的神职人员,在他们掌握最高权力之后,就要开始滥用这种权力。从此以后,你的学派就要从首要地位降到次要地位,而你的学生将要建立的以大世界为研究对象的学派,则将受到精明强干的人们的特别重视。他们寻找各种方法去反对你的门徒只顾享乐而非法滥用职权的行为,因为享乐是与哲学爱好很少有共同之处的。

我的亲爱的学生们,现在我终于要谈到对于人类理性最有价值和最为重要的历史时机。在人类的历史中是可以存在这个时机的,因为这个时机是指人类的活动在达到顶峰之后和开始下降之前将要停滞的若干时间。我希望你们特别注意这个时机,但为了不让你们预付过多的精力而感到疲劳,我要赶快讲完这个时机与我即将告诉你们的那个要在两千五百年之后才会到来的时代之间相隔的漫长时期的经过。

我已经向你们说过,我们的先驱者的工作只是、也只能是事先的准备工作。他们所创造的一切理智武器,他们所发现的一切观念,都是使人类理性达到可以开创科学体系的状态的必要条件。在这以前,还不可能把所获得的知识结合起来和协调起来,简而言之,就是还不能使它们系统化。掌握的材料过少,建立的观点不高,就不可能从高处一眼望到科学的最远领域。

人类理性的财富还非常有限,以致需要很长时间来从事比较繁重的积累工作。我现在开始草拟的科学体系,最快也得在两千至两千五百年以后完成。是的,我的朋友们,为了筑起由我奠基的大厦,是需要数十亿人的努力和数千年的时间的。如果你们考虑到这项工程需要无数的工序,你们就不会对此感到惊奇了。这就必须完成各式各样的智力活动,进行各种程度的一般研究和特殊研究,而这些活动和研究又是无穷无尽的。

因此,出现了三个伟大的时代。我把第一时代叫作准备工作时代,它包括从古至今所发生的和所完成的一切。我把我们现在正进入的第二时代称为臆测体系的组织时代。第三时代将在二十至二十五个世纪以后开始,它是实证体系的组织时代。目前的时代和二十至二十五个世纪以后开始的时代,在下述一点上彼此相同:目前这个时代由我一个人开创,而以后的那个时代也将由一个人开始。诚然,这是一个人的工作,而且也不可能不这样,因为几个人的思想的结合体不能产生具有单一性质的观点。其次,统一的观点和系统的观点是两个相同的概念,所以要有一个由人类理性创造科学的实证体系的时代。也就是说,这个实证体系的各个主要部分的协调工作,也将要由一个人来完成。

我也将在那个时代再现。当然,你们根据这段预言,也可能认为我相信毕达哥拉斯的轮回思想。你们这样想是错误的,我在这方面的观点跟他的看法根本不同。趁这个机会,我想向你们叙述一下我对这个萨摩斯岛的著名哲学家的一般学说的全部观点。我很乐意这样做,因为温故可使我们的精神得到安慰,使我们增加信心和力量,而这种信心和力量又是继续进行和完成关于人类未来的共同命运的研究工作所必需的。

毕达哥拉斯说:特洛伊城陷落的情景,我还记得非常清楚。当时,我名叫欧福耳玻斯,在被墨涅拉俄斯打伤后,我改名赫尔莫提姆,后来当了渔夫。我现在叫毕达哥拉斯。

这段话向我们证明,这位天才家的想象把他引到何等荒谬的地步,他把确切的事物当作最虚幻的观念。这也向我们证明,这位哲学家以为灵魂具有实体,这个实体不依存于它的本体而存在,它的持续存在时间等于他的数个外壳的持续存在的时间。我对灵魂的看法完全不是这样。我认为灵魂是形而上学的概念,它是一个几何学上的点,我们的一切感觉都向这一点集中,并由这一点向四外扩散。在我向你们说我将在两千年以后再现于世界的时候,我指的是那个时代的道德条件将同现在几乎相同,那时将出现一个人,那些与我现在的感觉几乎相似的感觉,将向这个人身上集中,而那些与我在这篇讲话的第二部分将要叙述的思想具有相同性质的思想,将从这个人身上向四外扩散。

毕达哥拉斯的轮回思想和我对轮回的看法之间的差异就是这样。现在,我来向你们说明这位哲学家的学说,或者不如说是谈谈他的学说的一些基本观点。正如我刚才向你们说过的那样,他一方面把自己的学说建立在轮回的观念上,另一方面又把它建立在认为唯一的科学是数的科学这个论断上。把这两种观念结合在一起是非常荒谬的,因为前一个观念属于臆测体系,而后一个观念则属于实证体系。我再深入地解释一下:第一个观念在臆测体系之前,而第二个观念则在实证体系之后。

我们的理性的一切活动就在于比较。因此,一个一般观念一方面可能只是我们的理性所作的比较的结果,另一方面又可能只是我们即应进行的比较的事先观察。我开始组织的臆测体系的基础,是下述这样的一般观念:支配宇宙的是统一而有灵性的基因。

这个观念被分成两个部分，每个部分都是这个体系中的主要比较项目。这两部分是：一、作用于大世界的原因；二、支配小世界的活动的原因。只能对同类的事物进行比较。可见，必然要设想大世界和小世界都是由同类基因支配的。如果设想大世界是由统一而有灵性的基因支配的，那么也得设想小世界是由相似的基因支配的。支配大世界的基因所具有的永恒性，在支配小世界的基因中也同样应当具备。只能说第一个基因没有始因，而第二个基因是被创造出来的，因为从推理方面来说，在进行这种逻辑活动之前，不必存有比较的第二项。毕达哥拉斯认为灵魂的长久性是有限的，它相当于数个外壳的长久性。因此，他在这方面的思想，落后于我就要开始组织的体系。

现在我向你们证明，唯一的科学是数的科学的观念，要在实证体系成立之后很久才能出现。只有经过两千至两千五百年以后，人类的理性才能在实证体系下工作。

我们首先来明确规定臆测体系和实证体系之间的差异。

在臆测体系下，支配宇宙的是统一而有灵性的基因。在这种看法中，不必建立中间观念，认为精神实体的组织已为人们所共知，并且只考虑两个极限，即只考虑一般实体对大世界的作用的意志和个别实体对小世界的作用的意志。在实证体系下，认为支配世界的只有一个规律，所以学者要在原因和结果之间建立中间观念。

我时常感到需要改革自己观念的基础。我们现在来简单说明一下人类理智由古至今的主要发展阶段。

一、人类与其他动物同源，只是由于人类的智力优越，人类才与其他动物截然分开。智力的优越性直接来自人类的组织结构的优越性，但这种优越性表现得并不明显，几乎是觉察不到的。

二、人类发明了一些符号，这些符号使他们得到一系列理智活动手段，从而使人类绝对地优越于其他动物。从此以后，人类能把观念分成两大类，即把观念分成原因和结果。

三、人类把日、月、星、海、河、山、林和其他一切巨大的物体，以及对他们显然有益或有害的一切东西，看成是万物的始因。这时，人类社会也出现了分化。一方面，某些人致力于通过原因的认识来说明结果；另一方面，大部分人敬神，乞求于他们认为是始因的原因，以得到他们所希望的结果。

四、人类继续提高，产生了无形原因的观念。他们把自己的每一种欲念和能力都崇拜如神。他们虚构了一个奥林匹斯群神会议，并责成这个群神会关心统治宇宙。

这就是我们的先人所做的一切，这就是我在试图整理人类的知识，即在考察万物是同一原因的结果的时候所见到的世界的情况。

在实证体系中，宇宙将受下述规律的支配：任何一个分子都有朝着阻力最小的方向运动的基本趋势。一方面，要在互相结合的分子的作用之间进行一般比较；另一方面，要在处于流动状态的分子的作用之间进行一般比较。物理学将被分为两个部分，即被分为无机体物理学和有机体物理学。将会看到：在无机体中，固体的作用大于流体的作用；而在有机体中，流体的作用强于固体的作用。人们将不再认为宇宙是由两种不同的属性，即精神的属性和物理的属性构成的。现在用超自然的或神启的原因解释的现象，将被看作无法衡量的流体的作用的结果。只有在天文方面，物理学和形而上学将会成为完全相同的科学。

可见,唯一的科学是数的科学这一观念,要在实证体系成立以后很久才能出现。如果人类的理性可以达到这种高度,这个观念将会成为精密体系的基础。但是,人类居住的行星的寿命必然是有限的,所以人类对这个行星的依存性将规定人类理智进步的极限。

正如我向你们指出的,毕达哥拉斯就这样把两种观念作了自己学说的基础。但把这两种观念结合起来,却是违反自然的,因为伟大的自然秩序在把它们列入我们进化的数列中时,是把两者之间的距离排得非常遥远的。这位曾经发现伟大勾股弦定理的伟大才子的哲学研究工作所以成就不大,正是因为他在方法上具有这种缺点。他的学说现在已经有一部分被人遗忘了,而人们对于他的全部观念的记忆也将完全消失。

我的亲爱的学生们,为了使你们不重蹈毕达哥拉斯所犯错误的覆辙,为了不使你们的理性跳过太大的间距,为了充分论证我要在两千年以后述说的话,为了叫你们理解我在创造实证体系的工作中应用的推理,我要规定几个中间观念,并向你们说明人类理性在建立臆测体系期间应当取得的进步;我还要使你们了解在今后的二千至二千五百年内将要发生的最重大事件,并对你们揭示主要事实的决定性原因。

我向你们传授的学说,在今后的头五六百年内只有科学的性质,而在其次的五六百年内又要取得宗教的性质,再在随后的五六百年内还将具有政治的性质。最后,它在科学方面、宗教方面和政治方面将要相继衰落,而这三方面的衰落都要继续五六百年。在这以后,我再度出现于世界来建立实证体系。①

我们在第三篇中再继续这篇讲话②。

---

① 苏格拉底的预言完全得到证实,因为从苏格拉底逝世到基督教在欧洲开始创立,其间经过了五六百年,他的学说在这个时期只具有科学的性质。从基督教在欧洲生根到查理大帝时代,也是经过了五六百年,在这个期间苏格拉底的学说变成了有神论,成为基督教的理论基础,显然取得了宗教性质。从查理大帝统治时代到14至15世纪,又过去了五六百年,在这时间出现了威克里夫*和路德。查理大帝使已经存在十二个世纪的苏格拉底思想体系具有了政治的性质,他一方面赋予教皇以管辖罗马的最高权力,另一方面迫使萨克森人接受罗马教廷的管辖。最后,由威克里夫到现在,也快五百年了,而在这五百年内,苏格拉底的学说开始不再具有科学的性质,因为哥白尼建立的新的天文学体系取得了优势,打败了认为地球是宇宙的中心,说宇宙是为地球,特别是为地球上的居民而创造的学者。接着,苏格拉底的学说又失去了宗教的性质,因为最初有培尔**,后来有伏尔泰和百科全书派,从宗教方面对它大加嘲弄,把当时称为信仰的一切东西叫作迷信。最后,当拿破仑皇帝剥夺了查理大帝授予教皇的最高权力的时候,苏格拉底的学说便不再具有政治的性质。

对从苏格拉底到目前所经过的时代进行划分并不是出于臆造,而是有实际根据的,同时也不是出于形而上学,而是根据物理学进行的。首先,把它分成两个相等的部分,其中的每个部分各有自己的独特性质,因为在第一个五六百年内,人类的理性主要是按照先天的方法思考;而在第二个五六百年内,苏格拉底的学派从事于探索一切细小源流,这些源流的汇合便形成了后天的哲学大河。但是,当这条大河又分成许多小溪,由小溪去活跃各个科学部门和为各个知识领域带来统一、丰收和幸福的时候,它又得到先天的哲学大河的名称。这个划分真是绝妙而分明,而且结果也很丰硕!

如按正文中所说的那样,把从苏格拉底到现今的时代分成四个相等的部分,使其中的每个部分都有十分明确而肯定的性质,也是一种绝妙的划分。

如果历史学家能够根据这个理论对事实进行分类,那么历史将会成为饶有兴趣和富有教育意义的知识。

* 约翰·威克里夫(John Wiclif,约1320—1384年),英国宗教改革家,他揭发了僧侣阶级的道德堕落,反对教皇对世俗政权的干涉,争取英国教会的独立自主。威克里夫的学说曾对英国14世纪的农民运动产生一定的作用,并对15和16世纪欧洲大陆的社会运动和宗教运动的发展产生很大的影响。——译者

** 比埃尔·培尔(Pierre Bayle,1647—1706年),法国政论家,怀疑主义哲学家,笛卡尔的信徒。他激烈反对宗教迷信,主张思想自由和信教自由。他对法国的启蒙哲学发生过巨大影响。伏尔泰称他为"人类理性的光荣"。——译者

② 圣西门没有写完"苏格拉底对学生的讲话"。——译者

第八种思想

在我的头脑中先天地产生了下面的想法：先生们，考虑到即使我不辞辛苦，以被动的方式反复说明这一思想，你们也会抱怨我，所以我要以所谓主动的形式来表达这一思想。

先生们，你们必然会对这种想法表示惊异，埋怨我不该把苏格拉底的这篇讲话的未完部分移到第三篇去。我可以告诉你们引起我采取这个决定的动机，并且希望你们同意我的动机。

在苏格拉底的讲话的第二部分，我们将要谈的是人类直至遥远的将来的命运；我们将要指出，万有引力观念的影响必然巨大无比；我们还要指出，这个思想应当发生绝对的一般观念的作用，并代替神的观念。然而在目前情况下，这一观念还远远没有被人们普遍接受，所以我们如果不在一篇专著中阐明我们所要说的东西，或者不证明这一观念至少可以被人们普遍接受（这种证明将是下一篇的研究对象），人们就完全不会理解我所要讲的东西。

第一篇研究报告的结论[1]

现在,把我们所说的一切总结在本篇中:

一、先天地、综合、生理学、主动方法等术语,从它们所表达的思想的本质来说,都是同义语。

二、后天地、分析、无机体物理学、被动方法等术语,从它们的本质来说,也都是同义语。

三、一般哲学是用这种或那种方式随意叙述观念的。

---

[1] 读过拙著《人类科学概论》的人最能理解本篇及其结论中所述的观念。我把《人类科学概论》复写了六十部,分赠给海内的著名学者,而主要是赠给生理学家、历史学家和形而上学家。我手下还存有数部,如果有人希望阅读,我可以立即奉寄。

第二篇研究报告的提纲

本篇的编辑工作很快就要结束,一旦结束,我立即把它献给你们。现在,我只向诸位通知一下我采用的篇章节目和各章节的讨论对象。我以为,这样做足可以使你们判断拙著的最重要章节的价值。

在第二篇里,我为自己规定了两个目的:第一,证明万有引力的发现,也跟牛顿的其他一切发现一样,是后天地完成的;第二,叙述这位伟大的几何学家和物理学家先天地想出和研究出来的观念。因此,本篇当然要分为两个部分。

第 一 部 分

我们把这一部分又分成四章。

第一章 我们准备在这一章里叙述由 15 世纪到牛顿时代的天文学发现史。我们主要研究哥白尼、开普勒、伽利略、惠更斯[①]和伟大的笛卡尔的各项发现。我们将要在这里证明:万有引力的观念只是从这五位伟人的观念中总结出来的,我们所以认为牛顿

---

① 惠更斯(Christian Huygens,1629—1695 年),荷兰杰出的物理学家和数学家。——译者

是最高的科学大师,那是因为他的天才比这五位齐名的天才更高。

第二章 我们准备在这一章里分析牛顿的著作:首先研究他的万有引力观念,然后研究作为他发现微积分的基础的观念,最后研究他的光学所依据的观念。我们将要指出:一、他的一切工作都是以先天法进行的;二、他认为,为了保护自己的万有引力观念不受任何方面的反对,必须建立"虚空"这个观念,但从物理学方面来说,他的这个"虚空"观念,是与他在光学方面所持的观念相矛盾的;三、他只把万有引力观念作为一个假说来提出,而且只把这个假说用于天文学方面,即只用于天上的固体,而没有考虑这种引力对于天上的流体发生的作用。

第三章 我们准备在这一章里叙述万有引力观念从其发现一直到今天的发展史。我们要在这里说明卡文迪什的非常卓越的实验,他证明地球的大气层同天体的空间一样,也存有引力,因为山脉所受的引力是十分明显的。

第四章 我们在这一章里将主要说明由于一个学派的谬误而造成的混乱。这个学派把牛顿看成是一位哲学家,认为无机体物理学是科学工作的唯一出发点,而后天方法则是改进人类命运和改善后天知识的唯一手段。

第 二 部 分

我们也把这一部分分为四章。

第一章 我们准备在这一章里叙述牛顿以先天方法想出和研究出来的两种观念。我们将要说明:一、通过这项研究,可使人们了解牛顿发现的一切真理,并在它们之间建立起联系,从而纠正牛顿所犯的错误,即克服他的某些观点之间的矛盾;二、通过这一研究过程,使普通物理学在牛顿以后所得到的一切发现与这位伟人给我们留下的研究成果联系起来;三、这样就可以创造出一种理论,用这种理论大概可以发现一切必要的事实,以便根据天体的密度及其轨道经过的空间的稀度计算出太阳系各天体的轨道斜度和偏心率。

第二章 我们准备指出采用先天法对天文学带来的特殊好处,和对整个科学带来的一般好处。我们将要说明,人们也应当像重视从阿尔-马蒙哈里发时代开始至今日益盛行的后天法那样重视先天法。

第三章 我们将要在这一章中指出,人们现在过于重视代数分析,但又过于轻视逻辑分析。这有下述事实为证:数学在法国科学院里居于其他一切科学之上,而逻辑学甚至没有进入它的第一学院。我们要指出,逻辑分析是生理学,特别是居于我们这一知识部门之冠的人类科学所能采用的唯一方法。我们还要说明,最高等的数学也只能用于与无机体物理有关的现象,同有机体物理的现象比较,无机体物理的现象具有极其次要的意义。最后,我们还要证明,为了整个社会的幸福,略微降低人们至今对于数学的重视,应当是很重要的。

在这里,我们并不是说要降低对数学家的重视,而只是说应当降低对数学的重视,因为数学家能成为最好的逻辑学家,他们可以促进人类科学的进步,他们一般还能比别人在这方面做得更好,这是因为:一、数学能使人养成良好的逻辑思维习惯;二、数学在目前和很久以来就是受到极大重视的科学,而一些最聪明的人也都喜欢这门科学。我们可以回想一下孔多塞的情况,他是一位著名的数学家,而人类科学的最近的主要成就也应当归功于他。

第四章 我们准备在这最后一章中发挥下述的看法:

如果笛卡尔今日死而复生,他在很短期间内就会恢复法国学派昔日占据的优势。笛卡尔生逢的环境,对于发挥他的天才没有发生有利的作用,但他却使科学向前大大迈进了一步。如果环境像今天这样对他这样的天才十分有利,那么,他会做出多么伟大的贡献呀!

我们也要发挥下述的思想:

通过观察证明,科学革命和政治革命是交替进行的,它们相继发生,互为因果。洛克和牛顿都是在英国革命后不久出世的。我们每天都在等待具有重大意义的新的科学思想的诞生。先生们,请你们说一说,我提请诸位注意的这些思想,从它们的本性来说,难道不能引起伟大的科学革命吗?

第二篇研究报告的结论

根据以上所述,我们可以在第二篇研究报告中作出如下的结论:

一、根据万有引力的观念,可以比较直接地说明各种现象;

二、改造我们的知识体系的唯一手段,就是以万有引力的观念作为知识体系的基础,从科学、宗教和政治方面来说明这个观念;

三、万有引力的观念同神的观念没有任何矛盾,因为万有引力的观念正是神用来支配宇宙的不变规律的观念;

四、如果充分谨慎地处理,万有引力的哲学可以逐渐地,不经过动荡地用更为明确和肯定的观念代替神学所宣传的一切有益的道德原则。

第三篇研究报告的提纲

这篇研究报告分为两个部分。

第 一 部 分

第一部分的内容是叙述人类理性的过去、未来和现在的简史。因此,这一部分又分成三卷。

先生们,我们先用一点时间来谈一谈这个划分。这个划分十分新颖,而且极其重要,它会消除讨论政治时产生谬误的一般原因。这是我偶然想出的一个最好想法。我为这一思想欢呼,如果你们肯花费气力掌握它,也一定会为此雀跃。

人们最初想出的和迄今应用的划分方法,是按照时间的顺序叙述历史,即首先是过去,然后是现在,最后是未来。但是,这样做的结果怎样呢?如果仍然沿用旧的划分方法,而不采纳我提出的划分方法,结果将会怎样呢?人们认为,对于未来的推论,主要应以目前的事件为根据。但是,拿目前的事件作为推论未来的基础是不太可靠的,因为一些微不足道的情况对于推论者的影响,可以改变推论者的观点,而为了防止这种影响,除了回顾悠久的过去和瞻望遥远未来的凝思画面以外,别无其他方法。

先生们，请你们做如下的实验：有人向你们谈论他的政治信念的时候，你们可以要求他论证他在考察遥远的过去和未来时所持的观点，并使现在只对他的这两项考察起到连接点的作用。这时你们将会看到，他必将作出正确的推论，也就是说，他的推论将至少具有一般性质，只有极少一部分受到他的境遇或命运的影响。

你们会说，以充分的才学广泛论证自己的推论的人是非常少的，而能够讨论政治的人也是寥寥无几的。先生们，这有什么不好呢！我们正希望这样，我们所要追求的也正是这个目标。当然，我们完全没有阻止教养不高的人去谈论政治的意图，因为政治实际上与人人都有利害关系。但是，为了证明一个人拥有从事政治科学的能力，我们希望为此明确规定出他应当具备的条件。

我们在这一篇里将要应用方才规定的原则，然后要在这篇提纲里，把这项原则的应用说得清清楚楚，以使你们可以判断我要发挥的思想值不值得赞成。

第 一 卷

我们把这一卷分成三章。

第一章　论尚无人居住时的行星　人类的生存与行星的存在有关系。人类的生存直接依赖于行星，地质学的资料必须作为人类史的导论。许多著名的地质学家总结他们的观察，一致得出如下的结论：最初，地球表面是一片汪洋，所以很长时期没有人和其他陆上动物居住。我们要在本章里讨论这个观点，并用曾经居住在地球上的生物提供的证据来证明这个观点。

第二章 在这一章里,我们首先要建立一个明确的观念,即认为人同其他现象一样也是一种现象;其次,我们要叙述从人类出现到苏格拉底出世时的理智进步史。为了完成这两项任务,我们要建立下述四个数列:

第一个数列 比较无机体和有机体的结构。这一比较的结果,证明无机体产生的效果和有机体对它们周围的事物发生的作用,是与它们的结构的完善程度成正比的。

第二个数列 比较各种有机体因其组织结构不同而产生的差异。这一比较的结果,证明以下两项:(1)人的组织性最高,即在我们所知道的一切有机体中,人的结构是最有组织的;(2)动物的组织性越完善,它就越有智慧。

第三个数列 比较动物在各个不同生存时期的智力。这一比较的结果,证明一切动物的进化都与它们的最初组织的完善改进成正比,既然人是唯一最进化的动物,所以他当然妨害了其他动物的智力得到它们所能达到的发展。

第四个数列 比较人类的知识从人类出现到苏格拉底出世时的各个阶段的状况。这一比较的结果,证明人类的智力,从人类出现开始,一直到苏格拉底出世为止,始终是不断向前发展的[①]。

第三章 我们将对从苏格拉底到现今所经过的几个世纪进行两次叙述:第一次,我们分四个阶段叙述;第二次,只分两个阶段叙述。

第一次,我们首先介绍苏格拉底的学说在他逝世后头五六个

---

① 参看《人类科学概论》第一部分,其中对这四个数列作了详细的发挥。

世纪内的情况,指出他的学说在这一期间只具有哲学的性质;其次,我们介绍苏格拉底的学说在其次的五六个世纪内的情况,指出他的学说在这一期间又获得了宗教的性质;再次,我们介绍这个学说在更下的五六个世纪内的情况,指出它在这个时期兼有哲学的性质、宗教的性质和政治的性质。最后,我们还要说明一个重要事实,即在最近几个世纪里,苏格拉底的学说相继失去哲学的性质、宗教的性质和政治的性质,而在今天已经衰落下去,因为目前一切有教养的阶级都摒弃了这个学说,只有愚昧无知的阶级还以它为指南。

第二次,我们把从苏格拉底到今天的时期分成两个相等的部分。首先,我们将要指出,在头十一至十二个世纪里,人类的理性只是在应用这位哲学家所创造的理论方面做了一些工作,而对它的改进没有做出任何的努力。其次,我们要说明在以后的十一至十二个世纪里,人类的理性做了两项工作:一方面,继续把苏格拉底的理论应用在越来越细致的小节上;另一方面,又努力为科学体系创造了更为巩固的基础。在这以后,我们将叙述实验科学从最初几个哈里发开创这门科学以来的发展史。我们将要指出,物理学的各个部门的理论是怎么由于自然趋势向一个汇合点发展的;最后,我们还要说明,这些理论现在只差一步就要统一为万有引力的观念了。

第二卷 论人类的未来

在本卷的开端有一篇导论,我们准备在其中指出(这项工作不难):对未来的历史,不会像过去的历史那样详述;我们的智力有限，这迫使我们只能作简短扼要的说明。

我们根据对过去的历史的三分法，也把本卷分成三章。

第一章 论不能住人以后的行星。应当根据地质学的推断来揭开人类的历史，由于同样的理由，也应当根据这种推断来结束人类的历史。

我们的行星有日益干涸的趋势。非洲曾经是世界上第一个有人居住的地方，因而也是最适宜于人居住的地方，而到现在，它几乎要完全干涸了。在亚洲，阿拉伯沙漠日益明显扩大，中亚细亚的鞑靼大沙漠也有这种趋势，它们好像努力向一起汇合，要吞没人类这个第二摇篮的现在还很富饶的大地的全部植被。在欧洲，西班牙在罗马人统治时期曾是肥沃的地方，而现在已经干涸了。在德意志，大部分森林已经消失，这里的河川水量也不如塔西佗向我们叙述的那个时代丰沛了。根据这些观察，地质学家必然得出我们的行星完全干涸的时代终将来临的结论。显而易见，到那个时代，行星上就不能住人了，也没有人住了，所以从某个时期开始，人类也将逐渐灭亡。

因此，断定我们的行星终将完全干涸和没有人住，也等于断定人类历史的行将终结。

第二章 在这一章的开始部分，我们将描述在饮了地球上最后一滴水后而等待死亡的最后一个人的感觉。我们将要指出，这个人对于死亡的痛苦感觉将大大甚于我们，因为他一个人的死亡就等于全人类的灭绝。然后，我们再由对这最后一个人的精神状态的研究，转向眼看人类就要开始灭绝的人们的精神状态的研究。当时，这些人确信人类必然灭亡，而这种确信又在麻痹人类的一切精神力量，使人类觉得自己与我们在研究人类的过去的那一卷的第二章谈到的那些人相似。从主要方面来说，这些人的愿望也将跟其他动物的一样。

第三章 在这一章里，我们将介绍摆脱了一切迷信观点和一切科学妄谈的人类理智。这一章由两节构成。我们准备在第一节里描绘掌握着良好科学体系的人类，而在第二节里则向致力于建立这种体系的人介绍这种人类。第二节讲到人类着手建立这种体系时为止。这时，将为从未来回到现在的人展示出现在的图景，就像对从过去回到现在的人一样，这幅现在的图景显示着苏格拉底创立的科学理论的最后作用。

第三卷 论人类的现在

我们首先作一般论述，这种论述的内容大致如下。人类已经结束其生命上升的阶段，但还没有开始下降。现在是人类发展到最高阶段，使各式各样的精神享受都达到顶峰的时刻。在这个阶段，人类的推理能力得到了充分的发展，但是想象活动还没有消失。如果说古代世界给人类呈现出一幅老年悲惨的图景，那么现代世界则给人类呈现出接近于青年时代的童年时期的欢乐情景。

然后，我们便直接讨论问题的实质。我们将要指出，苏格拉底首创的理论已经没有用途，甚至成了科学的负担，从而也成为人类的负担。另一方面，我们还要证明，建立新科学体系(实证体系)所需的一切材料已经备齐。在我们这样确定人类现在所处的精神状态以后，要暂时离开实际观察的道路，即暂时不用后天方法，不用被动方式，而开始采用先天方法，即采用人类进行创造活动的主动方式。

我们将要叙述，建立新科学理论的工作要求一切学者，特别是致力于研究哲学（或一般科学）的人进行通力合作。因为欧洲的哲学家现在分成两派，所以事先的必要工作，就是把他们统一在一个原则之下，以便组成一个能够完成建立新的一般理论的巨大工作的科学机构。

我们首先要向英法两国的哲学界呼吁，并向他们指出：如果他们认为应当在他们的判断中排除关于一般的、有灵性的基因的观念，那么，他们在继续专心致志地寻找新的事实而不协调与总结所收集和所确定的大量事实的时候，就要发生严重的错误。简而言之，是他们放弃后天方法而采用先天方法的时候了。

其次，我们要向德国的哲学界呼吁，并告诉他们：你们完全有理由宣称人类理性用先天方法考察事物的伟大时代已经到来；你们完全有理由在自己的哲学讲坛上抨击英法的学者，说他们不断标新立异，以胡说八道来充实他们的库存，而且始终不肯休止。你们完全有理由宣传需要一般理论，宣传科学只有在哲学方面直接有利于社会，宣传学者可以成立一个总的政治团体，因为这是联系欧洲的各个民族，制止民族与国王的野心的需要。但是，当你们想把自己的哲学建立在有灵性的基因这一观念之上时，你们就犯了严重的错误，因为能够联合学者的观点的不是神的观念，而是作为神的规律的万有引力的观念。趁此机会，我们要阐明一个至今仍然处在完全混乱状态的问题。我们还要证明，一些本来应被称为唯物主义者的人，至今被人称为唯灵论者；而一些本来应被称为唯灵论者的人,却被称为唯物主义者。实际上,把抽象的东西具体化,这不是唯物主义者的做法又是什么呢?从神的存在中抽出规律的概念,这不是唯灵论者的做法又是什么呢?

在结束第三篇研究报告的第一部分的时候我要指出:只应当把这一部分论述看作第二部分的导论。

第 二 部 分

我们要在第二部分略述新的哲学体系。我们首先介绍我们对世界体系的看法,其次叙述我们对人类科学的看法。因此,第二部分自然要分成两卷。

第一卷 论世界体系

至今形成的一切观念体系都以宇宙演化论为基础,而将来新创造的一切体系也要以此为基础,因为按照事物的本性,在谈论一个容器的内容之前,必须先说明容器本身。至今,在已经创造的一切天体演化论中,太阳系被公论为一般体系。按照我们知识的目前水平来说,这个看法还没有达到完全为人们所公认的地步。因此,我们要谈一谈世界体系的真正的一般结构。我们认为宇宙是由两个半球组成的,一个是我们居住的半球,这里的物质趋向凝固;另一个则是其中的物质趋向流动的半球。

第二卷 论人类科学

我们在这里介绍以生理学观察为基础的人类科学。这门科学是我用来建立道德体系的原则。经验证明，凡是不以有利于自己同类的方式寻找幸福的人，不管他的前途怎样光明，也不会是幸福的。

由于人们不能以完全相同的方式和一视同仁的态度为自己的同类造福，所以必须把道德理论分成四个部分，以适用于下列四类人：

一、智力活动能促进哲学进步的人；

二、能够感受爱国主义情感的人；

三、生来就在家庭寻找幸福而可以成为值得尊敬的家长的人；

四、不仅有办法完成自己的职责而且愿意帮助更有能力的人的人。

第三篇研究报告的结论

我们对第三篇所述的一切作如下的结论：物理科学和精神科学的一般理论，都可以建立在万有引力观念的基础上，万有引力是神用来支配和管理宇宙的规律。我们将要说明如何以最快的方式去建立这一理论，这包括：要求社会上的一切学者参加讨论这个问题的竞赛；成立一个委员会审议应征作品，对最能达到这个目的的作品授奖（委员们应当集合在罗马开会）。这项工作的重要性是显而易见的，因为目前欧洲全体居民陷入的危机，只是由于缺乏一般观念而造成的。只要出现符合于文明状态的理论，一切就会立即走上轨道，欧洲各族人民的共同体制就会自然恢复，而具有符合于人类既得知识水平的教养的僧侣阶级，在制止民族和国王的野心以后，很快就会恢复欧洲的安宁。

我们将要指出：不要害怕在建立新理论时遇到的一切困难，不要被向往至善境地的过度热情所奴役。我们欢迎参加这一工作的哲学家，对以前的科学学说、宗教学说和政治学说所依据的理论进行审查，看一看它们带来了什么好处和害处。我们要向他们证明，最重要的是尽快开始这项工作，因为这项工作的草案一经拟成，就会找到消灭全面大战的可怕灾难和改造欧洲社会的手段。这个问题，是目前最值得学者注意的唯一哲学问题。最后，我们要向现代的哲学家指出,在我们圆满地完成我们的任务以后,我们还要嘱咐我们的后代关心改进我们的工作。

应当注意《人类科学概论》总序里的下述一段话:

我计划写的著作,并不限于这部概论。我要写的著作包括四部概论,它们的名称为:《人类科学概论》《哲学概论》《僧侣阶级改造概论》和《各族人民的国家改造概论》。促使我执行这项著述计划的,与其说是感到自己有能力完成这项长期而艰巨的任务,还不如说是相信它对社会是必要的。在开始执行这项计划的时候,我曾声明:我不想领导这个伟大事业,我的最迫切的希望,是寻找一位能力比我强的人来负起这项任务,在找到这个人之后,我甘愿当他的助手,他可以随意支使我。在盼望这个使我可以解除这项力不胜任的职务的幸运日子到来的过程中,我发现一条可以使我较好地完成这项任务的道路。但是,我请读者注意,在目前这个阶段,我应当把自己看成是这个事业的领导人,拟出暂时由我负责把整个工作进行到底的计划。

为了完成这项工作,我准备从 1813 年 1 月 1 日(从这一天起,我已实际开始执行)起,一直工作十二年。我的《人类科学概论》拟在 1816 年 1 月 1 日以前,《哲学概论》拟在 1819 年 1 月 1 日以前,《僧侣阶级改造概论》拟在 1822 年 1 月 1 日以前,《各族人民的国家改造概论》拟在 1825 年 1 月 1 日以前,提交欧洲的各学术团体审议。

我的《人类科学概论》的第一部分已经写完。我准备把它誊写几份，并在清稿上留出一半空白，把它们分送给最有能力审查这类著作的人士。我请他们审议，给予我以帮助，把他们的意见记在空白的地方。在我接到他们对第一部分提出的意见之后，再把即将写完的第二部分的清稿寄给他们。我也准备用同样的方法，把我今后的著作分批提交有识之士斧正。这些人士心地善良，一贯甘为公益服务，甘为寻找消灭全欧洲人民所遭受的危机的各种手段服务。

因此，三年以后，我才能着手研究我现在提出的问题。我要用今后的三年时间来考虑这个问题，所以六年后才能把它解决。可见，我准备用六年时间来培养读者的认识和锤炼我的思想，而现在不这样办了，我要用两个星期来攀登理智的高峰，并登上顶巅。现在，我要用五十页篇幅把读者提高到这个无限的抽象思维高度。先生们，你们可能要问：是什么东西使你这样做的呢？是一种以最大的威力支配着有勇气的人的东西，即一方面是希望为善的感情，另一方面是希望获得荣誉的心理。

皇帝在驾返巴黎之后，曾表示打算实现他的强迫英国人承认航海自由的计划。他在我军受挫之后表示的这种自豪的，也许是英勇的行为，使我受到鼓舞。但是，据说皇帝要用武力迫使整个欧洲大陆协助他实现其推翻英国人的海上霸权的计划，从而达到自己的目的。然而，他已向我们证明，他用这种方法并未能达到他的目的。另一方面，我国各界人士明确向他表示：他们愿意生活在法国的天然国界之内，即不越过比利牛斯山、阿尔卑斯山和莱茵河。他们大声疾呼：如果政府的元首迫使我们的军队越过这条天然国界去进行新的征服,这将违背他们的愿望。我认为他们的这个愿望是公正的,我也完全同意他们的意见。但是,我十分沉痛地、甚至有些自卑地看到,许多法国人本来打算迫使英国人承认和服从人权,而现在却软下来了。我深信可以把皇帝的豪迈的目的同人民的意向协调起来,所以竭尽全力来制订一项可以达到这一目的的计划,并且迫不及待地、简单扼要地说出使皇帝的意图和臣民的意图相协调的方法。我不惜为此操心费力,因为我知道,经过这番努力,两个星期就可以把我的思想说得一清二楚,而按以前拟议的计划,要用数周或甚至数年才有可能办到。

是的,先生们,我深信你们在阅读我的第一部概论的时候,一定会对其中的思想的新颖性、力量和正义性感到惊讶。我也深信,三个月以后,或许再早一些,我的第二部概论就可以问世。它也一定会达到目的,即用先天的概念,把牛顿和后来人在天文学中所得的发现联结起来。最后,我还准备在一年之内出版我的第三部概论,在其中简明扼要地阐述以万有引力的观念为基础的一般科学理论。我们认为,万有引力的观念是一般的、统一的、不变的规律,神通过这一规律来治理和支配世界。这个阐述足以使学术团体得到把新的一般理论用于政治科学的方法。

这项著述工作的结果,将是通过建立一个为欧洲各族人民所共有的一般机构来改组欧洲社会。这个机构将根据每个民族的文化程度,被各个民族看成是学术性的或宗教性的,但在任何情况下,它都将在制止各民族和君主的野心方面发生积极的政治作用。这个作用大概首先要见效于英国;但如果法国人不退回自己的天然国界，或者非法地越过天然国界，这个作用也必然要全力地见效于法国。

欧洲的学者如果能够联合在一个共同的一般团体里，并把以万有引力观念为基础的哲学作为互相联系的手段，他们的力量将是不可估量的。

给欧洲学者的信

先生们,僧侣阶级是最有学问的集团,或者毋宁说,最有学问的机构在执行着神职工作,这是理所当然的。当世俗人士比宗教人士变得更有学问的时候,联结社会的总纽带就要松弛;而当世俗人士在学术方面大大超过宗教人士的时候,这条纽带就要完全断裂。我发表的这一见解,是实际观察15世纪至今发生的一切所得出的结论。实际上,15世纪以来,世俗人士在学术方面不断进步,而教会人士则因循守旧的观念和理论,一句话,在学术方面毫无建树,所以他们成了最没有文化的阶级的一部分。实际上,从15世纪开始,一直到现在,联合欧洲各民族并以制止各民族和君主的野心为宗旨的机构,也在逐渐衰落。现在,它已经土崩瓦解了;而全面的战争,可怕的战争,使全体欧洲居民濒临死亡威胁的战争,已经打了二十多年,并且已经毁灭了几百万人,而这几百万人,只不过是几支枕戈待发的大军的先遣队而已。

先生们,当科学理论变成不能令人满意的时候,它就要腐朽,而宣传它的僧侣阶级也将不复存在,这是理所当然的事情;而世俗人士在创造出新的一般科学理论以后,就要取代旧的僧侣阶级,形成新的宗教团体,这也是势所必至的现象。

先生们,你们的安宁和你们的共同幸福,要求你们采取措施。

只有你们能够使欧洲恢复安宁,只有你们可以改造欧洲社会。机不可失,时不待人。目前还在流血,你们赶快表态吧!目前的局势迫切地要求人们采取简而易行的原则;在这种情况下,实践应当走在理论的前面。如果你们正如我乐于相信的那样,都是仁慈而聪明的人士,那么你们一定会这样办。

让欧洲的每个学术团体都派一名或数名代表到罗马去,委托他们选举教皇。让选出的教皇即位之后,立刻发布内容大致如下的公告:

新科学理论的第一代教皇公告

欧洲对悲惨的三十年战争记忆犹新。人们说,宗教战争是最残酷的。不错,这种战争是非常残酷的,但仍不如因破坏宗教联系而爆发的战争残酷,因为这种破坏将使人类重新回到原始状态,即回到战争连年不断的状态。实际上……①

(王燕生译)

---

① 圣西门的《论万有引力》写到这里就中止了,后来没有续写。——译者

图书在版编目(CIP)数据

论科学体系/(法)圣西门著;王燕生等译.—北京:商务印书馆,2023(2023.5 重印)
ISBN 978 - 7 - 100 - 21708 - 8

Ⅰ.①论…　Ⅱ.①圣…②王…　Ⅲ.①空想社会主义—文集　Ⅳ.①D091.6 - 53

中国版本图书馆 CIP 数据核字(2022)第 169094 号

权利保留,侵权必究。

论科学体系

〔法〕圣西门　著
王燕生　董果良　赵鸣远　陆楼法　译

商　务　印　书　馆　出　版
(北京王府井大街 36 号　邮政编码 100710)
商　务　印　书　馆　发　行
北京市十月印刷有限公司印刷
ISBN 978 - 7 - 100 - 21708 - 8

2023 年 1 月第 1 版　　开本 850×1168　1/32
2023 年 5 月北京第 2 次印刷　印张 9⅜
定价:58.00 元